다투고 도와주고 더불어 살아가는
숲속 네트워크

다투고 도와주고 더불어 살아가는

숲 속 네트워크

김신회 글 강영지 그림

한울림어린이

차례

숲이 들려주는 이야기 ··· 6

지렁이와 두더지 ········ 겉모습만 보면 안 돼 ··· 12

두더지와 박쥐 ········ 누구나 특별해 ··· 21

박쥐와 나방 ········ 서로 돕는 거야 ··· 28

나방과 애벌레 ········ 변화를 위해 기다려야 해 ··· 35

애벌레와 나뭇잎 ········ 작지만 강할 수 있어 ··· 44

나뭇잎과 꽃 ········ 약속을 잘 지켜야 해 ··· 51

꽃과 벌 ········ 거짓말하면 손해야 ··· 59

벌과 개미 ········ 혼자가 아니야 ··· 67

개미와 벚나무	마음을 열어 ··· 77
벚나무와 딱따구리	욕심내면 안 돼 ··· 86
딱따구리와 동고비	아껴 쓰고 고쳐 쓰자 ··· 97
동고비와 소나무	시작이 반이야 ··· 105
소나무와 다람쥐	마음의 여유를 가져 봐 ··· 110
다람쥐와 참나무	실수해도 괜찮아 ··· 121
참나무와 버섯	마음과 생각을 나눠 ··· 133
버섯과 이끼	죽음도 삶의 일부야 ··· 142
이끼와 지렁이	바라는 것 없이 도와야 해 ··· 148

맺는말 ··· 156

숲이 들려주는 이야기

　내 이름은 수풀이야. 사람들은 '숲'이라고 부르지. 나는 나무와 풀, 그리고 수없이 다양한 생물이 함께 살아가는 공간이자 시간이야. 덕분에 내 모습은 시시때때로 달라져. 나 역시 이곳에서 태어나고 살다가 또 죽는단다.
　내가 어떻게 태어났는지 궁금하겠지? 나는 어딘가에서 날아온 작은 씨앗에서 시작되었어. 그 씨앗이 뿌리를 내리고 꽃을 피우면서 내가 태어난 거야. 아주 조용한 시작이었지. 시간이 흘러 더 많은 꽃들이 피어나기 시작하자, 가끔씩 찾아오던 곤충들이 더 많이, 더 자주 나를 찾아오기 시작했어. 곤충과 꽃은 떼려야 뗄 수 없는 사이거든. 곤충들이 많아지자, 이번에는 새들이 찾아오더라고. 그렇게 난 새들과도 함께 살게 되었지.

 어린 시절에 나는 키 작은 들풀과 나무로 가득했어. 지금과 비교하면 머리숱이 듬성듬성한 모습이었달까? 키가 작아서 내 안으로 햇빛도 많이 들고 바람도 많이 불었어. 숲이라기에는 어설펐지. 하지만 난 포기하지 않았어. 다행히도 나무와 들풀이 함께해 주어서 봄이면 아름다운 꽃들이 가득했어. 덕분에 수없이 많은 곤충과 새 친구들을 사귈 수 있었고 말이야. 그렇게 봄부터 가을까지 정신없이 지내다 보면 겨울이 왔어. 그러면 몇 달씩 마음 편하게 잠을 잤지. 아기들은 잠을 많이 잔다고 하잖아. 나도 그랬어.

 그러던 어느 날, 햇빛을 좋아하는 소나무와 아까시나무가 날 찾아왔어. 그땐 나에게 물이 별로 없었거든. 그런데도 이 친구들은 키가 크는 만큼 뿌리를 깊게 내리면서 잘 견뎌 주었어. 덕분에 내 모습이 많이 달라졌지. 전에는 없던 커다란 그늘이 생기고 땅속으로도 깊은 터널이 생기면서, 비가 와도 물이 모두 흘러내리거나 날아가 버리지 않고 땅속에 저장되기 시작한 거야. 내 촉촉한 피부는 그때부터 만들어졌단다.

　물이 많아지니까 물을 좋아하는 나무들이 모여들었어. 나무와 함께 온 버섯들은 땅속에서 물을 끌어모으고 붙잡아 뒀지. 그러자 내 안에 상상할 수 없을 정도로 많은 물이 머물러 있게 됐어.

　너희도 알다시피 살아 있는 모든 것들은 물이 필요하잖아? 나무가 많아지면서 물이 많아지고 또 먹을거리가 생기니까 새로운 동물들이 찾아왔어. 잠깐씩 머물다 가는 친구들도 있었지만 언젠가부터 아예 집을 짓고 나랑 함께 살겠다는 동물들이 늘어났지.

　동물들이 모여들면서 나는 더 활발해지고 시끄러워졌어. 하고 싶은 것들이 많아지고, 하루하루가 기다려졌어. 친구들끼리 서로 다투고 화해하면서 열심히 살아가는 모습을 보는 게 너무 재미있었거든. 아주 작은 애벌레부터 덩치 큰 멧돼지까지 철마다 아기들이 태어나고, 자기들끼리 정한 규칙을 따라 생활하는 모습을 보고 있으면 시간이 어떻게 가는지 몰랐어. 동물들이 데려온 새로운 씨앗들 덕분에 나와 함께하는 새로운 식물들은 점점 더 많아졌고 말이야.

시간이 흐르니까 참나무 같은 다른 나무들이 자라서 소나무와 아까시나무의 자리를 대신하기 시작했어. 나무가 바뀌니까 함께 사는 동물들도 달라지더라. 특히 참나무에 열리는 도토리 덕분에 진짜 많은 친구들이 생겼어. 숲에는 도토리를 좋아하는 동물들이 정말 많거든. 뿐만 아니야. 내 키가 자라고 먹을 것이 많아지니까 전에는 볼 수 없었던 덩치가 큰 동물들도 찾아왔어. 큰 동물이 작은 동물들을 잡아먹으면서 식물들도 숨을 쉴 수 있게 되었지.

요즘은 참나무 사이에서 조금씩 모습을 보이던 서어나무와 너도밤나무가 더 많은 씨앗을 만들어 내고 있어. 앞으로 내 모습이 또 어떻게 달라질지, 나도 기대가 돼.

너희에게 이 모든 이야기를 해 줄 수 있어서 얼마나 기쁜지 몰라. 내 이야기를 듣고 내 친구들에게 더 많이 관심을 가져 주었으면 해. 우리가 자주 만나서 서로를 더 잘 알게 된다면 그 이상 바랄 게 없을 테고 말이야.

그럼 이제부터 진짜 나의 이야기를 시작해 볼까?

겉모습만 보면 안 돼

숲에서 가장 부지런한 동물로 손꼽히는 지렁이 얘기부터 시작할게. 지렁이라니, 이름만 들어도 징그럽다고? 잠시만 마음을 가라앉히고 내 얘기를 들어 봐. 겉모습만 보고는 좋은 친구인지 아닌지 알 수 없다는 거, 너희도 알잖아.

마침 아침 햇살이 비추기 시작했네. 따뜻한 햇볕이 나뭇잎 사이로 기지개를 켜고 새로운 하루가 시작되면, 꽃들이 문을 열고 밤새 저장해 두었던 향기를 뿜어내. 축축한 어둠 속에서 숨죽이던 새와 곤충은 날개를 말리지.

나무와 풀이 태양의 기운을 받아 활기를 띠는 이때, 깜깜한 땅속으로 더 깊이 들어가는 친구가 있어. 바로 지렁이야. 지렁이는 햇빛을 좋아하지 않거든. 지렁이는 앞을 보지 못하는 대신, 온몸으로 주변 상황을 파악해. 그리고 피부로 숨을 쉬기 때문에 촉촉한 피부를 유지하면서 편하게 숨쉴 수 있는 곳을 찾아다니지. 그게 바로 땅속이란다.

맑은 날 햇빛이 내리쬐어 기온이 높아지고 땅이 마르기 시작하면 지렁이는 차갑고 축축한 땅속 깊이 굴을 파고 들어가. 무려 7미터 깊이까지 들어갈 수 있는데, 땅 위에서부터 2~3미터 깊이까지는 거미줄처럼 얽힌 터널을 뚫어 놓는단다. 이 과정에서 위층과 아래층의 흙이 섞여서 부드러워져. 덕분에 내 피부도 늘 촉촉하게 유지되지.

지렁이는 땅속으로 파고들면서 내 온몸을 간지럽게 해. 가끔씩은 가려운 곳을 긁어 주기도 하지. 이리저리 헤집고 다니다가 땅 위로 올라올 때도 있어. 너무 깊은 곳까지 내려가서 숨이 막혔거나 물을 만났기 때문이지. 이렇게 땅속 이곳저곳을 다니면서 위아래로 오르락내리락하는 것이 지렁이의 하루 일과야.

지렁이가 가장 좋아하는 먹이는 낙엽과 흙이야. 그래서 지렁

이는 활엽수가 많은 곳을 좋아해. 활엽수는 봄·여름에는 잎이 많이 달렸다가 가을이면 우수수 낙엽이 떨어지는 나무거든. 지렁이는 이빨이 없는 대신, 강한 근육이 있어. 이 근육으로 흙과 낙엽을 잘게 부수고 침과 같은 점액과 섞어서 소화시켜. 수없이 많은 낙엽들이 다시 흙으로 돌아갈 수 있는 건 모두 지렁이 덕분이야.

만약 지렁이가 없다면 나는 낙엽더미에 깔려 숨도 쉴 수 없었을 거야. 지렁이가 낙엽을 좋아하는 만큼 나무들도 지렁이를 좋아해. 지렁이의 배설물은 식물에게 둘도 없는 영양식이란다.

숲에는 이렇게 죽은 생물이나 동물의 배설물을 먹어 치운 다음, 살아 있는 생물에게 꼭 필요한 영양분을 만들어 내는 '분해

자'들이 있어. 지렁이와 작은 미생물, 곰팡이와 같은 분해자들은 눈에 보이지 않는 숲속 환경미화원들이란다.

지렁이가 하는 일은 이것만이 아니야. 지렁이가 만든 터널은 땅속 깊은 곳에 사는 작은 생물들이 숨을 쉬고 물을 마시도록 도와줘. 땅속에 사는 친구들도 물과 공기가 필요하거든.

지렁이는 숲에 사는 여러 동물들의 먹이가 되어 주기도 해. 단백질이 많이 필요한 아기 새, 개구리, 도마뱀, 개미, 여우, 오소리, 담비와 같은 크고 작은 동물들에게 지렁이는 아주 좋은 먹이란다. 그중에서도 지렁이를 가장 좋아하는 숲속 동물은 단연 두더지야.

> **한 뼘 더 알기**
>
> **지렁이의 짝짓기**
>
> 지렁이는 암수가 한 몸인 동물로 유명해요. 하지만 짝짓기를 하려면 꼭 다른 지렁이가 있어야 한답니다. 지렁이는 짝짓기 시기가 정해져 있지 않아요. 비가 많이 내려서 땅속이 물로 가득 차면 지렁이들은 숨을 쉬기 위해 땅 위로 나와요. 이때 다른 지렁이들을 만나 짝짓기를 하기도 하죠. 운이 좋으면 비 오는 날 짝짓기하는 지렁이를 만날 수 있을 거예요.

지렁이가 적당한 온도와 습도를 찾아서 위아래로 땅을 파고 다니는 동안, 두더지는 좌우로 땅을 파고 다녀. 그러다가 지렁이를 만나면 바로 낚아채. 수만 년 동안 전해 내려온 지혜로 두더지는 지렁이 잡는 법을 알고 있는 거야.

사실 두더지는 엄청난 잠보에다가 먹보야. 네 시간마다 잠을 자고 하루에 50마리 안팎의 지렁이를 먹거든. 두더지 몸무게가 100그램가량이고 지렁이 몸무게가 1그램 정도니까, 두더지는 매일 자기 몸무게의 절반이나 되는 지렁이를 먹는 셈이지.

엄청나게 먹는데도 살이 찌지 않는 건, 두더지가 깨어 있는 동안 쉴 새 없이 땅을 파면서 돌아다니기 때문이야. 땅을 파는 건 정말 힘든 일이야. 그래서 두더지는 배고픈 걸 참지 못하지. 먹이를 찾을 수 없을 때를 대비해서 두더지는 자신만의 창고에 지렁이들을 저장해 둔단다. 어떻게 저장하느냐고? 지렁이의 머리만 먹고 몸은 남겨 두는 거지.

지렁이는 머리가 잘려도 금방
죽지 않거든. 하지만 머리가
없으면 온몸이 굳어서 움

직이지 못해. 두더지로서는 최고의 저장법을 찾은 셈이지.

 물론 지렁이도 가만히 당하고 있지는 않아. 두더지가 땅을 파면 지렁이는 온몸으로 진동을 느끼고 도망을 쳐. 어떤 때는 깜짝 놀라서 땅 위로 올라가기도 해. 빗방울이 땅을 두드리는 진동과 두더지가 땅을 파는 진동을 구분하지 못해서 비 오는 날 땅 밖으로 도망치는 지렁이들도 있어. 그러니까 비 오는 날 지렁이를 만난다면 눈에 띄지 않도록 나뭇잎으로 살짝 덮어 주는 게 좋겠지?

 둘 다 땅을 파는 동물이지만 두더지는 지렁이보다 조금 더 시끄러워. 지렁이가 삽으로 흙을 판다면 두더지는 불도저로 흙을 파내는 셈이지. 지렁이가 만든 통로에 비하면 두더지가 만드는 땅굴은 수백 배 넓은 고속도로라고 할 수 있어.

 두더지가 만든 땅속 세상은 여러 개의 층으로 나뉘어 있어. 잠자는 곳, 새끼를 키우는 곳, 먹이를 저장하는 곳 등 여러 개의 방과 통로가 있고 땅 위로 난 입구도 있어. 각각의 방은 나뭇잎과 풀, 이끼 등으로 꾸며서 편안히 쉴 수 있도록 만들어. 혹시 평평한 바닥에 볼록 올라온 흙더미를 발견했다면 조심조심 들여다보렴. 두더지가 만들어 놓은 길인지도 모르니까 말이야.

두더지의 집

두더지는 흙을 머리로 들어 올리고 밀어 내면서 땅을 파요. 그래서 땅 위에 둔덕이 생기기도 하죠. 여름에는 땅 위에서 약 40센티미터 아래쪽에, 겨울에는 약 60센티미터 아래쪽에 터널을 만들어요. 두더지가 만들어 놓은 땅속의 길은 서로 그물망처럼 연결되어 있답니다. 두더지는 지름 1미터가 넘는 여러 층의 집을 짓기도 해요. 두더지는 약간 촉촉한 흙을 좋아하지만, 지하수가 흐르는 곳을 피해서 집을 짓기 때문에 집 안에 물이 샐 염려는 없답니다.

두더지는 지렁이보다 훨씬 더 빨리, 많은 양의 흙을 섞어 주어서 땅속 생물들에게 도움을 줘. 물론 나를 깜짝 놀라게 할 때도 많지만 말이야. 지렁이와 두더지처럼 가장 낮은 곳에서 열심히 일하는 친구들 덕분에 나무와 들풀, 버섯은 오늘도 숨을 쉬고 물을 마시며 행복의 노래를 부를 수 있어. 그러니까 무엇이든 겉모습만 보고 판단하면 안 돼. 이 세상에 있는 모든 것들은 소중하고 또 사랑받을 권리가 있거든.

지렁이 호텔

준비물 마른 모래와 젖은 흙, 낙엽, 투명한 병, 거즈, 고무줄

주의 사항
- 병에 충격을 주지 마세요. 지렁이는 작은 흔들림에도 민감하게 반응하므로 조심히 다루어야 합니다.
- 병뚜껑을 꼭 닫으면 안 돼요. 공기가 들어가지 못하면 지렁이가 숨을 쉴 수 없어요.

활동 방법
1. 빈 병에 마른 모래를 깔고 그 위에 젖은 흙을 넣습니다. 마른 모래와 젖은 흙을 번갈아 넣어서 여러 층을 만듭니다. 가장 위층은 마른 낙엽으로 덮습니다. 병 위쪽에 약간의 공간을 남깁니다.
2. 지렁이를 네다섯 마리 넣습니다.
3. 병 입구를 거즈로 덮고 고무줄로 묶습니다.
4. 지렁이 호텔을 어두운 곳에 두고 주기적으로 관찰합니다.
5. 하루에 한 번씩 분무기로 물을 뿌려 줍니다.

관찰 후

시간이 지나면 흙이 부드러워지고 낙엽이 분해되어 사라집니다. 운이 좋으면 지렁이가 병 표면과 맞닿게 터널을 뚫을 거예요. 관찰이 끝나면 반드시 지렁이를 원래 살던 곳으로 돌려보내 주세요.

두더지와 박쥐

누구나 특별해

숲에 사는 동물 중에는 좀처럼 사람들 눈에 띄지 않는 친구들도 있어. 어두운 곳에서 살고, 어두울 때만 활동하기 때문이지. 대표적인 동물이 두더지와 박쥐야. 이 친구들은 식물을 괴롭히는 작은 생물들을 먹고 살아. 두더지는 땅속에서 애벌레, 지렁이, 달팽이 등을 잡아먹고, 박쥐는 애벌레뿐 아니라 날아다니는 곤충들을 잡아먹어. 박쥐는 매일 500~5000마리의 작은 곤충을 잡아먹는단다.

한 마리의 곤충이 수백, 수천 개의 알을 낳는데도 곤충의 수가 계속 늘지 않는 건, 두더지와 박쥐 같은 친구들이 있기 때문이야. 이 친구들이 없다면 나는 폭발적으로 늘어나는 곤충들을 감당할 수 없었을 거야.

박쥐 중에는 꽃의 꿀, 나무 열매, 나뭇잎을 먹는 종류도 있어. 이런 채식성 박쥐들은 곤충처럼 꽃가루를 옮기며 새로운 생명이 탄생할 수 있도록 중매쟁이 역할을 하곤 해.

두더지와 박쥐의 공통점은 둘 다 앞을 잘 보지 못한다는 거야. 어두운 곳에서만 살아서 눈의 기능이 퇴화됐거든. 대신 이 친구들은 특별한 능력을 발달시켰어.

축축하고 단단한 흙을 파는 천하장사 두더지는 코와 귀, 그리고 발바닥의 감각을 발달시켜 왔어. 앞으로 길게 뻗은 코는 냄새를 아주 잘 맡고, 예민한 귀는 멀리서 들리는 소리도 알아채. 앞발과 뒷발은 넓적해서 단단한 땅을 헤쳐 나가면서도 주변의 움직임을 느낄 수 있지. 뿐만 아니야. 꼬리털로 뒤쪽에서 벌어지는 일까지 알아챌 수 있으니, 두더지는 온몸으로 세상을 보는 셈이야.

게다가 두더지 털은 아주 실용적이야. 흙이 잘 묻지 않고 흙이 묻어도 잘 떨어져 나갈 뿐 아니라, 딱딱한 부분이 없어서 땅

속에서 이리저리 방향을 바꿀 때도 방해가 되지 않거든.

어둠 속에서도 자유롭게 날아다니는 박쥐는 어떨까? 박쥐는 앞을 볼 수 없는 대신 초음파를 써. 초음파가 사물에 부딪혀 되돌아오는 메아리 소리를 듣고 먹잇감의 위치를 파악하지. 메아리 소리는 부딪히는 면적이 클수록 크게 들린단다. 그러니까 나방처럼 작은 곤충을 잡는 건 결코 쉽지 않아. 박쥐가 나방에게 초음파를 보내면 그 소리의 10분의 1 정도만 메아리로 돌아오거든. 나머지 초음파는 공중에 흩어져 버리고 말아. 그래서 박쥐는 아주 큰 소리를 끊임없이 보내야 해. 박쥐가 인간이라면 공사장에서 기계로 땅을 파는 소리를 쉬지 않고 내는 셈이야. 만

약 사람들이 박쥐의 초음파를 들을 수 있다면 밤마다 귀마개로 귀를 막고 있어야 할 거야.

박쥐가 개발한 능력은 이것만이 아니야. 박쥐는 새가 아니지만 하늘을 나는 재능을 발전시켰어. 우리가 날개라고 생각하는 건, 사실 앞발가락과 몸통 사이에서 자란 피부야. 그러니까 박쥐는 손바닥이 엄청나게 큰 셈이지. 박쥐는 추운 겨울에는 이 손바닥으로 온몸을 감싸서 따뜻하게 하고, 더운 여름에는 손바닥을 펼쳐서 체온을 낮춰.

하늘을 날 때는 몸무게와 중력을 이용하는데 이건 정말 대단한 발견이야. 박쥐는 뒷다리의 발가락으로 나뭇가지나 동굴 벽을 잡고 매달려 있다가 순식간에 아래로 떨어지면서 손바닥을 펼쳐. 마치

낙하산을 펴는 것처럼 말이야. 덕분에 박쥐는 새들보다 쉽게 비행을 시작하고, 처음부터 무척 빠르게 날아다닐 수 있단다.

두더지와 박쥐는 환경에 적응하기 위해 각자 특별한 능력을 키우면서 묵묵히, 그리고 부지런히 자기 일을 해 온 친구들이야. 세상을 살아가는 방식에는 정답이 없어. 모두 똑같은 방식으로 살아야 행복한 것도 아니지. 저마다 자신의 단점을 보완해 줄 다른 장점들을 키워 나가면서 각자의 방식을 찾는 거야. 이것을 다양성이라고 불러. 두더지와 박쥐는 모든 생명이 그 모습 그대로 특별하고 소중하다고 말하고 있어.

나 잡아 봐라!

준비물 눈가리개 1~2개
활동 공간 바닥이 평평하고 장애물이 없는 공간
활동 인원 10명 이상(박쥐 1~2명, 나방 3~5명, 동굴 6명 이상)
주의 사항 놀이 중에는 동굴 밖으로 나갈 수 없습니다.

활동 방법

1. 동굴을 맡은 사람들이 동그랗게 둘러서서 손을 잡습니다.
2. 박쥐 역할을 맡은 사람은 눈을 가립니다.
3. 박쥐가 나방 역할을 맡은 사람을 잡아야 합니다.
4. 박쥐가 "박쥐!"라고 외치면 나방은 "나방", 동굴은 "동굴"이라고 답하여 자신의 위치를 알려야 합니다.
5. 정해진 시간 안에 나방을 잡으면 박쥐는 동굴 밖으로 나올 수 있습니다.
6. 역할을 바꿔서 도전해 봅니다.

박쥐와 나방

서로 돕는 거야

여러 친구들이 모여 살기 때문일까? 나는 24시간 열려 있는 편의점 같아. 어떤 동물들은 해가 뜨기 전부터 부지런히 움직이고 어떤 동물들은 깜깜한 밤이 되어서야 기지개를 켜고 일어나. 다양한 생물들이 함께하는 덕분에 나는 계절에 따라 다른 색의 옷을 입고, 같은 하루라도 아침과 점심 그리고 저녁과 밤에 전혀 다른 모습으로 변신하지. 그런데도 동물들은 길을 잃어버리지 않아. 참 신기하지?

물론 밤낮없이 일어나는 시끌벅적한 일들은 나를 깜짝깜짝 놀라게 해. 이제 막 피어난 겨울눈에서 새싹이 돋아나는가 싶으면, 얼마 뒤에는 그 연한 잎에 곤충들이 알을 낳고 있어. 막 알에서 나온 애벌레가 나뭇잎을 어찌나 빨리 갉아먹는지 나무 한 그루를 다 먹어 치우는 건 아닐까, 걱정하고 있으면 어느 순간 아기 새가 애벌레를 먹고 있지. 또 그 아기 새는 다시 여우나 올빼미에게 잡아먹히고 말야. 한쪽에서 새로운 생명이 태어나고 다른 한쪽에서는 누군가 죽고, 그중에서 살아남은 어떤 애벌레들은 나비가 되고 또 다른 애벌레들은 나방이 되어 숲에 작은 바람을 일으키지.

그중에서도 밤에 활동하는 나방은 박쥐가 가장 좋아하는 먹잇감이야. 나방을 사냥하는 방법은 박쥐마다 달라. 어떤 박쥐는 나무 위로 빠르고 높게 날면서 사냥을 하고, 어떤 박쥐는 나뭇잎이나 나무껍질 혹은 땅 위를 천천히 낮게 비행하거든. 박쥐는 능숙한 사냥꾼이지만, 나방을 잡는 건 쉽지 않아. 나방은 쏜살같이 몸을 피하는 데다, 박쥐의 초음파를 방해하는 소리를 내는 나방도 있거든. 그래서 박쥐는 네 번 중에 한 번만 나방 사냥에 성공한다고 해.

똑똑한 박쥐들은 나뭇잎이 많거나 늪이 있는 곳, 시냇물이 흐르는 곳 등 나방이 많은 곳을 찾아다녀. 나무가 아주 촘촘하게 자란 곳은 피하지. 아무리 초음파를 쏜다 해도 촘촘한 나무 사이로 날아다니기란 쉽지 않거든. 박쥐에게는 높이가 서로 다른 나무들이 듬성듬성 서 있는 곳이 좋단다. 중간에 넓은 공터가 있으면 더 좋지.

그래서 오랫동안 한자리에 서 있는 나무는 박쥐에게 매우 소중해. 박쥐 같은 동물들은 나무를 보고 길을 찾고, 익숙한 나무에 몸을 숨겨서 올빼미와 같은 천적의 공격을 피하곤 하기 때문이야.

박쥐는 구멍이 뚫려 죽어 가는 나무에게도 도움을 받아. 나무에 난 구멍은 새끼를 낳고 키우는 엄마 박쥐에게 아주 소중한 공간이거든. 박쥐들은 자주 이사를 다니기 때문에 나무 구멍도 여러 개 있어야 해. 한곳에 오래 살면 세균이 번식할 수 있기 때문이지. 그러니까 구멍이 뚫린 나무라고 해서 함부로 베어 버리면 안 돼. 세상에 쓸모없는 생물은 하나도 없는 법이야.

때로는 먹고 먹히는 일이 안타깝고 슬프게 느껴져. 하지만 이건 자연스러운 일이야. 모든 생물은 무언가를 먹고 마시고 또 숨을 쉬어야 살아갈 수 있으니까. 나방과 박쥐, 올빼미도 마찬

가지야. 올빼미는 박쥐 덕분에, 박쥐는 나방 덕분에 살 수 있거든. 나방 역시 박쥐를 잡아먹는 올빼미 덕분에 살 수 있지.

재미있는 사실은 힘이 세다고 늘 약한 동물을 이기는 건 아니라는 점이야. 강하고 약한 건 상대가 누구냐에 따라 달라져. 아무리 힘이 센 동물도 죽고 나면 아주 작은 미생물들의 먹이가 되는 것처럼 말이야.

생물들은 오래전부터 이렇게 먹고 먹히거나 서로 경쟁하고 도우면서 살아가는 관계의 끈으로 연결되어 왔어. 모두가 누군가에게 도움을 주고 또 도움을 받으며 살아가고 있지. 이러한 끈들

먹이사슬

곤충을 먹고 살아가는 두더지와 박쥐는 뱀, 들고양이, 고슴도치, 족제비, 담비, 여우, 매, 올빼미와 같은 동물들의 먹이가 돼요. 이렇게 서로 먹고 먹히는 관계를 먹이사슬이라고 부르죠. 이 연결고리의 끝과 시작을 이어 주는 건 미생물이라고 불리는 분해자들이에요. 가장 힘이 센 포식자도 결국엔 다른 생물의 먹이가 되고 흙으로 돌아가는 거랍니다.

이 모이고 모여 그물같이 촘촘하게 얽힐수록 나는 더 건강해져. 친구들과 좋은 관계를 많이 맺을수록 행복한 것처럼 말이야. 그래서 나는 더 많은 생물들이 나를 찾아오면 좋겠어. 그러면 그 안에서 서로 돕고 사는 생물들의 이야기를 더 많이 듣게 될 거야.

밤의 곤충을 만나요!

준비물 손전등, 안쪽이 밝은색을 띠는 우산, 채집통
활동 공간 달빛조차 보이지 않는 깜깜한 밤의 숲
주의 사항 반드시 어른과 함께 하세요!

활동 방법

1. 준비물을 가지고 숲으로 갑니다.
2. 우산을 편 다음, 우산 꼭지가 땅을 향하도록 듭니다. 다른 한 사람은 우산 안쪽으로 손전등을 비춥니다.
3. 우산 안에서 무슨 일이 벌어지는지 관찰합니다.
4. 곤충을 더 자세하게 관찰하고 싶다면, 불빛을 찾아온 곤충들을 조심스럽게 채집통에 담습니다.
5. 관찰이 끝나면 곤충을 자유롭게 놓아 주세요.

나방과 애벌레

변화를 위해 기다려야 해

　박쥐에게 잡아먹힐 뻔한 나방이 방금 나뭇잎 아래로 숨어들었어. 밤새도록 도망 다닌 나방에게 낮 시간은 참으로 소중하단다. 여름밤, 불빛이 있는 곳으로 모여드는 나방을 본 적이 있지? 그런데 낮에는? 그 수많은 나방들은 낮 동안 모두 어디에 있는 걸까?

　나방은 낮 동안 볕이 잘 드는 곳에 앉아서 날개를 말려. 하지만 대낮에 나방을 찾는 일은 숨은그림찾기보다 어렵단다. 나방들은 주변 색깔이나 모양을 따라 하는 뛰어난 보호색을 갖고 있거든. 시력이 좋다는 새들도 눈앞에서 나방을 놓칠 정도야.

　나방이 보호색을 쓴다는 건 자기 자신을 잘 알고 있다는 증거야. 내가 어떤 색깔과 무늬를 가지고 있는지 알아야 그 무늬와 비슷한 곳에 자리를 잡고 숨을 수 있잖아. 나방은 어떻게 자기 모습을 알고 보호색을 쓰는 걸까? 날마다 반짝이는 거울 앞에서 자신을 들여다보는 걸까?

　뛰어난 보호색을 가진 건 나방만이 아니야. 숲에서는 많은 생물들이 보호색과 경고색으로 숨기와 드러내기를 해서 살아남거든. 자기 몸을 변장시키는 곤충, 새들이 가진 깃털, 파충류와 양서류의 피부 모두가 보호색 또는 경고색으로 이루어져 있지. 그래서 분명히 소리를 듣고 따라왔는데도 그 친구들을 찾을 수 없는 경우가 많아.

사실 나방의 숨기 능력은 애벌레 때부터 만들어지는 거야. 애벌레는 자신이 사는 나뭇잎이나 나뭇가지와 비슷한 색깔과 무늬로 스스로를 보호하거든. 이건 엄마 나방들 덕분이기도 해. 엄마 나방은 알을 낳을 때부터 나뭇잎을 신중하게 고른단다. 자신이 애벌레 시절에 먹었던 나뭇잎 맛을 기억해 두었다가 같은 종류의 나무를 찾아가는 거야. 나방이 조용히 초록색 잎 뒤로 숨어드는 건 곧 새로운 생명이 태어날 거라는 신호란다. 엄마 나방이 알을 낳고 떠나면, 애벌레들은 스스로 알을 깨고 나와. 애벌레들은 해와 달, 비와 바람이 알려 주는 대로 열심히 먹고 고치를 짓고 탈피를 하면서 어른이 되지.

　애벌레는 하루 종일 먹는 일만 해. 자기가 태어난 알 껍질부터 시작해서 바로 옆에 있는 나뭇잎들까지 먹어 치워. 한 달 동안 몸무게를 무려 20배까지 늘린단다. 그래서 봄이면 여기저기서 사각거리는 소리가 끊이지 않아.

　애벌레는 덩치를 키우는 동안 피부를 자주 벗어 내. 그때마다 몸의 색깔과 무늬를 바꾸지. 어린 시절부터 보호색과 경고색을 연습하는 거야. 보통은 나뭇가지와 나뭇잎을 따라 하는데, 털이나 가시로 자신을 방어하기도 하고 점박이나 줄무늬로 자신에

게 독이 있다고 경고하기도 해.

 활발하던 애벌레도 때가 되면 먹지도, 움직이지도 않는 번데기가 돼. 번데기 역시 주변과 비슷한 갈색이거나 초록색인 경우가 많아. 번데기가 되고 나면 도망칠 수 없기 때문에 눈에 띄지 않게 숨는 거지.

 번데기가 숨는 곳은 다양해. 나뭇잎에 대롱대롱 매달리기도 하고 단단한 실로 스스로를 나뭇가지에 묶어서 움직이지 못하게 만들기도 해. 몸을 비스듬히 매달아서 떨어지지 않게 하는가 하면 나뭇잎을 돌돌 말아서 그 안에 숨는 번데기도 있어. 아예 땅속으로 들어가 버리는 친구들도 있지.

 번데기들은 새로운 탄생을 위해서 조용히 혼자만의 시간을 가져. 변화하고 성장하기 위해서는 기다림의 시간이 필요하거든. 나를 성장시킬 수 있는 건 나 자신밖에 없어. 알에서 깨어나는 새, 꽃봉오리에서 피어나는 꽃, 겨울눈에서 움트는 잎들도 마찬가지야. 기다림 속에서 자라난 것들은 세상에 더 크게 알려지는 법이지.

 번데기가 성충으로 깨어나는 과정은 언제 봐도 놀라워. 많은 생물들이 태어나서 죽을 때까지 모습을 변화시키지만 이렇게 짧은

> **한 뼘 더 알기**
>
> **애벌레의 변신**
>
> 곤충들은 성장 과정에서 모습을 완전히 바꾸는 완전탈바꿈을 하거나 조금씩 몸 크기를 키우는 불완전탈바꿈을 해요. 딱정벌레류나 파리, 개미, 벌 그리고 나비와 나방 같은 곤충들은 애벌레와 번데기 시절을 거쳐 성충으로 성장하는 완전탈바꿈을 합니다. 이와 달리 메뚜기나 잠자리, 노린재 등은 알에서 태어나면서부터 성충과 비슷한 모습을 하고 여러 번의 탈피를 통해 성장하는 불완전탈바꿈을 하지요.

시간 동안 완전히 다른 모습으로 변하는 동물은 곤충밖에 없단다.

성충이 된 나방에게서는 예전 모습을 찾아볼 수 없어. 이제 나방은 날개가 생겨서 하늘을 날 수 있고 더듬이로 식물과 친구들이 보내는 신호를 알아챌 수 있어. 여섯 개의 다리로 사뿐히 앉아서 쉴 수도 있지.

하지만 나방의 가장 큰 관심사는 짝을 찾는 거야. 어떤 나방은 전혀 먹지 않고 새끼를 낳는 일에만 집중한단다. 하늘을 날아다니며 마음껏 자유를 누릴 것 같지만 사실 시간이 별로 없어. 대부분의 나방은 며칠 안에 짝짓기를 하고 죽기 때문이야.

가끔 나방을 쓸모없고 해로운 곤충으로 오해하는 사람들도 있어. 하지만 나방은 알, 애벌레, 번데기, 성충의 각 시기마다 다른 생물들의 훌륭한 먹잇감이 되어 주는 소중한 존재야. 나뭇잎 뒤에 숨겨진 작은 알들은 달팽이에게 필요한 영양분이 되고, 애벌레들은 아기 새가 하늘을 날아오를 수 있도록 힘을 주고 있어. 번데기는 들쥐나 고슴도치에게 둘도 없는 영양 간식이고, 나방은 박쥐가 매일 먹어야 하는 중요한 식사야.

나방은 식물과도 떼려야 뗄 수 없는 사이야. 어린 시절에는 나뭇잎의 도움을 받고, 자라서는 나무껍질이나 꽃의 도움을 받는 나방은 그 보답으로 식물이 짝을 짓는 데 큰 역할을 해. 나비와 마찬가지로 움직이지 못하는 식물들의 꽃가루를 옮겨 주는 심부름꾼이 되는 거야. 덕분에 나는 해마다 아름답고 향기로운 꽃들과 함께할 수 있어.

언제고 나방과 나비를 따라가 보렴. 평소에는 잘 보지 못했던 꽃들을 만나는 행운을 얻게 될 거야.

곤충의 감각 기관

곤충이 세상을 느끼는 방법을 알아보는 활동이에요. 나비, 벌, 잠자리처럼 커다란 겹눈을 가진 곤충을 비롯해 털이 많은 애벌레 등 다양한 곤충들이 주변을 어떻게 느끼는지, 그리고 곤충이 볼 수 없는 사각지대는 어디인지 알아봅니다.

준비물 없음
활동 공간 곤충들이 많은 곳
주의 사항 절대로 곤충을 괴롭히면 안 돼요.
활동 방법

겹눈 곤충

❶ 한 번에 한 방향씩 여러 방향에서 천천히 다가가 봅니다.
❷ 언제쯤 곤충이 눈치를 채고 도망가는지 관찰합니다.
❸ ❶과 ❷의 과정을 여러 번 반복해서 겹눈 곤충이 볼 수 없는 사각지대를 찾아봅니다.

털 많은 애벌레

❶ 5미터 떨어진 곳에서부터 박수를 치며 다가갑니다.
❷ 애벌레가 몸을 동그랗게 말아서 숨기는 지점이 어디인지 관찰합니다.

* 다양한 곤충들에게 접근하여 곤충들의 감각이 얼마나 발달했는지 알아봅니다.

애벌레와 나뭇잎
작지만 강할 수 있어

대부분의 동물은 눈에 띄는 것을 좋아하지 않아. 겁이 많고 수줍음을 타기 때문이지. 하지만 끈기를 가지고 꾸준히 관찰하다 보면 결국 동물들을 만날 수 있단다. 동물들은 누구나 흔적을 남기거든. 나뭇잎 뒷면이나 나뭇가지 사이, 나무껍질이나 구멍 안을 들여다보면 동물의 흔적이 있어. 바닥에 떨어진 낙엽을 들춰 보거나 쓰러진 나무의 아래쪽을 살펴보면 더 많은 흔적을 찾을 수 있지. 이제부터 작은 몸으로 소리 없이 움직이는 애벌레의 흔적을 따라가 볼까?

애벌레는 새싹이 자라서 나뭇잎이 모양을 갖출 때 알에서 깨어나. 온종일 나뭇잎을 먹으며 덩치를 키우는 애벌레는 종류에 따라 좋아하는 나뭇잎이 다르단다. 그래서 나무마다 살고 있는 애벌레 종류가 다르고, 나중에 만날 수 있는 곤충도 다르지. 어미는 애벌레의 입맛에 맞는 나무를 골라서 그 자리에 알을 낳아. 그래서 애벌레들은 태어나자마자 가장 가까운 곳에 있는 나뭇잎을 먹으면 돼.

잎에 남은 모양을 보면 애벌레의 크기를 알 수 있어. 덩치가 클수록 먹고 남은 흔적도 크기 마련이거든. 어떤 애벌레들은 너무 작아서 잘 보이지 않아. 나뭇잎을 먹고 지나가면서 남긴 실처럼 하얗고 가느다란 무늬를 통해서만 애벌레가 있다는 사실

을 알 수 있기도 해. 자세히 들여다보면 가늘었던 선이 조금씩 굵어지는 걸 알 수 있어. 이건 나뭇잎을 먹으면서 애벌레가 자라났다는 뜻이야. 나뭇잎 한 장이 애벌레의 성장 과정을 그대로 보여 주는 일기장이 된 거지. 운이 좋으면 무늬가 끝나는 지점에서 그 주인공을 만날 수 있을지도 몰라.

  애벌레는 먹는 양도, 모양도 제각각이야. 애벌레 숫자만큼 먹는 방법도 다양하지. 어떤 애벌레는 나뭇잎의 한쪽 면만 골라 먹어. 나뭇잎은 햇빛을 많이 받는 윗면이 아랫면보다 조금 더 단단하거든. 그래서 연하고 부드러운 아랫면을 좋아하는 거야. 나뭇잎의 가장자리만 먹거나, 가운데 부분만 먹어 치우거나, 한 자리에 큰 구멍을 내놓는 경우도 있어. 바깥쪽에서부터 구멍을 만드는 애벌레도 있고, 안쪽에서부터 구멍을 넓혀 가는 애벌레도 있지. 생선을 발라먹은 것처럼 잎맥만 앙상하게 남은 나뭇잎이나 듬성듬성 구멍이 난 나뭇잎을 본 적이 있지? 이건 애벌레들이 저마다 좋아하는 부분만 골라 먹어서 생긴 흔적이란다.

  저마다 식성이 다른 건 다행스러운 일이야. 모든 애벌레가 한 나무에만 달려든다면 그 나무는 가지만 앙상하게 남고 말 테니까 말이야.

물론 나무에게도 스스로를 보호하는 방법이 있어. 애벌레가 나뭇잎을 베어 먹는 순간, 나무는 애벌레가 싫어하는 향기를 내보내거든. 애벌레가 한꺼번에 너무 많은 잎들을 먹어 버리지 않도록 조절하는 거야. 이 향기 때문에 먹던 나뭇잎을 버리고 다른 나뭇잎으로 옮겨 가는 애벌레도 많아. 수없이 많은 곤충을 먹여 살리는 나무가 언제나 푸르고 건강한 건 그저 우연이 아니란다.

 나무가 내보내는 향기는 나무들끼리 주고받는 신호이기도 해. 한 나무가 향기를 내보내면 다른 나무들도 주변에 애벌레가 있다는 사실을 알게 되거든. 나무의 대화는 이렇게 소리 없이 전달되고 있어. 물론 나무는 향기를 내보낼 뿐, 적극적으로 애벌레를 공격하지는 않아. 애벌레에게 나뭇잎이 얼마나 중요한 존재인지 알기 때문이지. 애벌레에게 나뭇잎은 먹이일 뿐만 아니라 숨을 곳이자 쉴 곳이거든.

 나무는 아주 작은 생물 하나도 억압하거나 차별하지 않고 있는 그대로 받아 줘. 나무를 찾아오는 수많은 동물들을 모두 공평하게 대하는 거야. 이런 나무 덕분에 애벌레처럼 작고 힘없는 친구들은 꿈과 희망을 가질 수 있단다. 나무가 세상에서 가장 오래 사는, 가장 키가 큰 생물이 될 수 있었던 건, 이렇게 열린 마음을 가진 덕분일 거야.

　나무를 닮고 싶은 애벌레들은 나뭇잎과 비슷한 모양과 색깔을 흉내 내. 하지만 보호색만으로는 안심할 수 없어. 새들이 눈에 불을 켜고 열심히 애벌레를 찾으니까 말이야. 그래서 어떤 애벌레들은 번지점프를 연습했어.

　봄이 되면 나무 아래서 하얀 줄에 대롱대롱 매달린 애벌레를 찾아보렴. 이 애벌레들은 새를 피해 나뭇잎 아래로 뛰어내린 거야. 스스로 보호색을 만들고, 하루에도 몇 번씩 번지점프를 해서 나뭇잎 아래 공간을 이용하는 애벌레들이 어쩐지 조금 다르게 보이지 않니?

식물 말리기

식물을 여러 가지 용도로 활용하고 싶다면 말려서 쓰는 방법을 추천합니다. 말릴 때는 다음 사항들을 주의하세요.

- 채집한 후 바로 말리기 시작합니다.
- 바람이 잘 통하고 직사광선을 받지 않는 곳에서 말립니다.
- 식물을 종류별로 묶어서 걸어 두고 말리거나, 바구니 바닥에 면으로 된 천을 깔고 부분별로 얇게 펴서 넣어 말립니다.
- 시간을 두고 천천히 말립니다.
- 식물 전체의 모양이 살아 있도록 말리고, 필요한 경우에는 작게 잘라서 씁니다.
- 보관 용기는 빛이 안 드는 유리병이나 종이로 된 것을 씁니다. 철이나 플라스틱은 쓰지 않도록 합니다.

나뭇잎과 꽃

약속을 잘 지켜야 해

　나무는 해마다 엄청난 양의 나뭇잎을 만들어. 애벌레가 다 먹어 치울 수 없을 만큼 많이 만들지. 잘 자란 참나무 한 그루에는 나뭇잎이 10만 장쯤 매달려 있어. 이 잎들이 바람에 흔들리면 나무가 살아 있다는 걸 온몸으로 느낄 수 있지. 화려한 꽃과 단풍으로 계절마다 색깔 옷을 갈아입는 나무는 세상을 활기차고 아름답게 만들어 준단다.

　나무는 나뭇잎에서 필요한 영양분을 얻어. 나뭇잎은 광합성을 해서 나무의 성장과 번식에 필요한 영양분을 스스로 만들어 내고, 몸 밖으로 물과 산소를 내보내. 그러니까 나뭇잎은 나무의 입인 셈이지.

나무는 나뭇잎이 부족하지 않도록 여러 가지 방법을 활용해. 그중 하나는 나뭇잎을 필요한 양보다 더 많이 만들어 내는 거야. 바람에 나뭇잎이 떨어지거나 애벌레들이 나뭇잎을 먹어 치울 때를 대비하는 거지.

겨울에 쌓였던 눈이 녹고 개구리가 알을 낳을 때쯤 되면 나뭇가지 끝에서 연한 초록색 잎이 나와. 겨우내 추위를 견딘 겨울눈에서 그 해에 쓸 잎이 나오는 거야. 나무는 지난 수만 년의 경험을 통해서 새순을 틔울 날짜를 알고 있어. 너무 일러도 안 되고 너무 늦어도 안 되지.

나뭇잎과 꽃이 시간에 맞춰 세상에 나오는 건 숲에 사는 다른 친구들에게도 매우 중요해. 나뭇잎이 너무 빨리 나오거나 늦게 나오면 애벌레들이 굶주리거든. 꽃이 제 시기에 피어나지 못하면 꿀이 필요한 곤충과 열매가 필요한 새도 어려움을 겪게 돼. 나무와 들풀은 특히나 시간 약속을 잘 지켜야 하지. 햇빛과 물, 바람 같은 모든 것들을 나누어 써야 하거든.

나무와 들풀이 서로 아는 사이냐고? 당연하지.

나무와 풀은 시간과 공간을 두고 질서정연하게 세상을 공유하는 사이좋은 이웃이야. 둘 중에 조금 더 서두르는 건 대부분 들풀이지.

들풀은 나무들이 빽빽하게 자라는 곳을 피하거나 나무보다 일찍 움직여. 덩치가 큰 나무가 겨울잠에서 깨어나면 하루에도 수십 리터씩 흙 속의 물과 양분을 빨아올리기 때문에 나무보다 먼저 잎을 만들고 꽃을 피우지 않으면 살아남기 힘들거든.

또, 많은 들풀들이 나무보다 먼저 잎을 만들어서 햇빛을 차지하려고 해. 여름이 되어 나무에 잎이 무성해지면 그늘에 가려서

> **한 뼘 더 알기**
>
> **나뭇잎의 광합성**
>
> 나뭇잎은 공기 중의 이산화탄소와 빛을 활용해 광합성을 해요. 꼭 필요한 영양분을 스스로 만들어 내는 광합성은 지난 수억 년간 다듬어진 식물의 정교한 기술이죠. 모든 생명체에게 필요한 에너지의 근원은 바로 식물의 광합성에서 시작된답니다. 꼭 기억해야 하는 한 가지는, 지구에 사는 모든 생명체는 광합성으로 만들어진 산소 덕분에 숨을 쉴 수 있다는 점이에요.

들풀이 사는 아래쪽까지는 햇빛이 들어오지 않거든. 들풀이 애써 피운 꽃도 눈에 띄지 않고 말이야. 그래서 들풀은 나무보다 빨리 움직여서 꽃을 피우고 열매를 맺고 사라지는 경우가 많아.

뿐만 아니라, 나무와 들풀은 땅에서 하늘까지 공간을 나누어 쓰고 서로 부딪히지 않으려고 조심하면서 살아가. 식물들은 무엇이든 혼자만 독차지하지 않아. 빛을 좋아하는 식물에게 자리를 내어 주고 조금 그늘진 곳에서 살아가는 식물도 있고, 다른

> **한 뼘 더 알기**
>
> **온도와 습도**
>
> 생물의 행동과 행복을 결정하는 가장 중요한 두 가지 요소는 온도와 습도입니다. 선인장의 잎이 뾰족한 가시 모양인 것도, 식물이 계절에 맞춰 꽃을 피우고 열매를 맺는 것도 모두 온도와 습도의 영향을 받아서랍니다. 생물의 모든 활동은 온도와 습도 두 가지에 따라서 시작되고 끝이 나요. 이 두 가지가 잘 맞지 않으면 생물은 병들거나 번식을 하지 못하지요.
>
> 지구온난화는 온도와 습도의 큰 변화를 가져와요. 이는 생물들의 관계에까지 영향을 미쳐서 자연의 질서를 파괴하죠. 환경의 변화는 많은 생물에게 스트레스 원인이 되고 있어요.

식물들이 가지 않는 험한 곳을 찾아다니면서 땅을 부드럽게 만들어 주는 식물도 있지. 식물들은 이렇게 아주 오랜 세월 동안 정해진 질서를 지키면서 살아왔어. 움직이지 못하는 식물들이 세상 곳곳을 푸르게 만드는 건, 어려움 속에서도 꿋꿋이 버티는 인내심, 그리고 서로를 배려하는 마음이 있기 때문이지.

약속을 잘 지키는 식물들 덕분에 나는 오늘날까지 성장할 수 있었어. 식물들은 내 숨소리와 심장 소리를 늦춰 주고, 알맞은 때까지 기다리라고, 그리고 서두르지 않아도 적당한 시기가 찾아올 거라고 조언해 주었단다. 나무가 전해 준 지혜에 감사해.

식물 채집하기

식물을 채집할 때는 다음의 방법과 규칙을 따라야 합니다. 그래야 피해를 주지 않고 많은 식물들과 만날 수 있어요.

- 채집이 금지된 곳인지 확인합니다. 국립공원 등은 채집을 금지하고 있어요. 채집하려는 식물이 보호종이 아닌지도 확인합니다.
- 알고 있는 식물만 수집합니다. 독성을 가진 식물과 생김새가 비슷하다면 아니라는 확신이 있을 경우에만 채집합니다.
- 여러 개의 들풀이 피어 있다면 그중 한 개만 채집합니다. 나무 한 그루에서도 나뭇잎을 한 장씩만 채집하도록 신경 씁니다.
- 필요한 부분과 양을 미리 정하여 그만큼만 채취합니다. 채집한 것들을 버리는 일이 없도록 주의합니다.
- 날씨가 좋은 날 채집하되 잎과 꽃은 오전에, 뿌리는 오후나 저녁에 채집합니다.
- 잎은 완전히 자란 것을 채집하고, 꽃은 활짝 핀 후에 채집합니다.
- 꼭 필요한 경우가 아니라면 뿌리는 남겨 두고 채집합니다.
- 열매는 익은 후에 채집합니다.
- 뿌리는 봄이나 가을에 채집합니다.
- 채집통은 바람이 통하는 바구니나 천 가방이 좋습니다.

꽃과 벌

거짓말하면 손해야

  새로운 생명의 탄생은 언제나 기분 좋고 흥분되는 일이야. 식물들의 새 생명은 꽃에서부터 시작되지. 활짝 피어난 꽃은 화려한 색깔과 모양, 달콤한 향기와 꿀로 동물들을 유혹해. 열매를 맺고 씨앗을 퍼뜨리려면 한 식물의 꽃가루가 다른 식물의 암술머리에 가서 앉아야만 하거든.

  움직이지 못하는 식물들이 서로에게 꽃가루를 전달하려면 바람, 혹은 벌과 같은 동물들의 도움이 필요해. 동물들에게는 꽃 속의 꿀이 필요하고 말이야. 그래서 식물과 동물은 대화를 나누면서 서로 돕는단다.

　꽃은 식물과 동물이 대화하고 있다는 증거야. 눈에 보이지 않을 정도로 천천히 움직이는 식물과 바람처럼 빨리 움직이는 벌의 대화는 꽃에서부터 시작돼. 먼저 꽃들이 다양한 방법으로 벌에게 말을 걸지. 낮에 피는 꽃들은 꽃잎을 활짝 펴서 화려한 색깔을 자랑하고, 밤에 피는 꽃들은 진한 향기를 내보내서 먼 곳에서도 곤충들이 찾아오도록 해.

　꽃은 색 하나도 그냥 만들지 않아. 대부분의 꽃들은 자신을 도와줄 곤충들이 잘 볼 수 있는 색으로 자신을 치장한단다. 벌이 보는 세상과 너희가 보는 세상은 전혀 달라. 벌은 붉은색을 볼 수 없거든. 대신 사람들이 보지 못하는 자외선이라는 색깔의 일부를 볼 수 있어.

　벌뿐만 아니라 많은 곤충들이 빨간색을 보지 못해. 그래서 숲에 사는 꽃들은 빨간색보다는 다른 색깔로 치장하곤 한단다. 가장 많이 이용되는 색은 흰색이야. 흰색은 멀리서도 곤충들의 눈에 잘 띄거든. 그다음으로 많이 이용되는 색은 노랑, 그다음이 분홍, 보라, 파랑 순이지.

곤충들이 찾아오면 꽃은 곤충이 안전하게 내려앉을 수 있도록 자리를 마련해. 그리고 줄무늬나 점박무늬로 달콤한 꿀이 있는 곳까지 길을 안내하지. 꽃은 꿀을 가장 깊은 곳에 숨겨 두고 이 작은 동물들이 꿀을 찾아 들어가는 동안 몸에 꽃가루가 최대한 많이 묻기를 바라.

눈에 보이지 않는 자기장을 일으켜서 벌을 끌어당기는 꽃들도 있어. 정전기 때문에 겨울옷을 입고 벗을 때 머리카락이 달라붙곤 하잖아? 자기장도 비슷해. 겨울옷이 머리카락을 끌어당

기는 것처럼 꽃이 벌의 털을 끌어당기는 거야. 꽃은 식물이지만 가만히 있는 것이 아니라 가까이 오라고 손짓하며 벌을 끌어당기고 있는 거지.

그런데 꽃이 피어 있는 내내 벌을 유혹하는 건 아니야. 벌이 한번 꿀을 가져가고 나면 다시 꿀을 만들어 낼 때까지 자기장을 띠지 않거든. 솔직하게 꿀이 없다고 말하는 거지. 벌들이 꿀이 없는 꽃 속을 헤매고 다니지 않도록 말이야. 꽃들은 벌이 자주 찾아오기를 바라지만, 욕심을 부리면서 꿀이 있는 척 거짓말을 하지는 않아. 만약 꽃이 자꾸 거짓말을 한다면 영리한 벌들은 다시는 그 꽃을 찾아가지 않을 거야. 눈앞의 이익을 얻으려고 거짓말을 하다가는 많은 것들을 잃어버릴 수 있어.

벌들의 시력

벌은 색깔을 구분할 수 있지만, 눈앞에 놓인 물체의 모양은 잘 알아보지 못해요. 가장자리 선을 분명하게 볼 수 없기 때문이에요. 그래서 벌들은 빠르게 움직이면서 최대한 많은 사진을 찍고 그것들을 이어 붙이는 방법을 찾아냈답니다.

바람에 날리는 꽃가루

숲에는 바람의 도움을 받아 꽃가루를 이동시키는 식물들이 있어요. 이 식물들은 약한 바람에도 날아갈 수 있도록 꽃가루를 아주 작게, 그리고 많이 만들어요. 어디로 날아가더라도 그중 몇 개는 암술머리에 닿을 수 있도록요. 그래서 봄이면 온 세상이 꽃가루의 바다로 출렁인답니다.

좋은 친구를 만나고 서로 믿는 관계가 되기까지는 아주 오랜 시간이 필요해. 그런데 거짓말은 오랫동안 쌓은 신뢰를 한순간에 무너뜨린단다. 꽃들은 이 사실을 잘 알고 있어.

꽃과 벌이 얼마나 서로를 배려하는지 알고 있어? 꽃은 이른 아침부터 꽃잎을 활짝 펴고 햇빛을 흡수해서 꿀을 따뜻하게 만들어. 밤새 추위를 견디느라 몸이 굳은 벌들은 따뜻한 꿀을 마시고 활기차게 하루를 시작할 수 있지. 추운 겨울날 따뜻한 코코아를 마시면 온몸에서 열이 나고 힘이 생기는 것처럼 말이야.

이런 꽃의 마음을 아는 벌은 같은 종류의 꽃을 여러 번 찾아가서 꽃가루를 전달해. 이런 벌의 배려는 꽃에 열매가 맺힐 가능성을 높여 주지. 어때, 이제 벌과 꽃이 아주 믿음직스러운 친구로 지내는 이유를 알겠지?

꽃과 벌처럼 생물들은 저마다 누군가와 도움을 주고받으면서 살아가. 만약 꽃과 곤충이 서로를 위하지 않거나 상대를 돕기 위해 노력하지 않는다면 둘 다 새로운 생명을 탄생시킬 수 없을 거야. 아주 작은 애벌레부터 거대한 나무에 이르기까지, 생명이 있는 것은 누구나 안전한 곳에서 배불리 먹고 따뜻한 곳에서 편안하게 잠들고 싶어 해. 이를 위해서는 누구나 다른 생물의 배려와 도움이 필요한 거야.

꽃을 찾아오는 곤충들

꽃의 꿀을 좋아하는 곤충은 벌이나 나비 외에도 많답니다. 나방은 어둠 속에서도 꽃들을 찾아 꿀을 마셔요. 파리 중에도 꿀을 먹고 사는 종류가 있어요. 이 파리는 모습조차 벌과 비슷하답니다. 딱정벌레도 꽃을 찾아와요. 하지만 딱정벌레는 자르고 씹는 입을 가졌기 때문에 꿀이 너무 깊은 곳에 있으면 입맛만 다실 뿐, 먹지는 못해요.

다른 생물들이 무엇을 바라고, 어떻게 하면 행복할 수 있는지는 내 마음을 들여다보면 알 수 있어. 중요한 건 관심을 가지는 거야. 내 주변에서 누구에게 어떤 도움이 필요한지를 살펴보렴. 그 대상은 나비가 될 수도 있고 우리 반 친구가 될 수도 있어. 주위를 잘 둘러보면 도움을 필요로 하는 친구들을 분명히 찾을 수 있을 거야.

곤충과 친구되기

곤충과 친구가 되고 싶다면, 먼저 곤충이 좋아하는 것이 무엇인지 생각해 보세요. 그리고 그 조건에 맞게 내 주변을 꾸며 보세요. 가장 좋은 방법은 정원을 가꾸는 일입니다. 정원이 없다면 여러 개의 화분으로 시작할 수 있어요. 높은 아파트에 살고 있다면 단지 내에 있는 공원이나 학교에서 흙이 있는 곳을 찾아보세요. 해마다 아래의 활동을 반복하면 찾아오는 곤충이 더 늘어날 거예요. 곤충들과 좋은 친구가 되는 건 물론이죠.

준비물 꽃삽, 씨앗, 흙, 물이 담긴 통
활동 공간 정원이나 마당, 흙이 있는 야외 공간
주의 사항 인내심을 발휘해서 곤충들을 배려할 것
활동 방법
❶ 흙에 씨앗을 심고 찾아오는 곤충들을 관찰합니다. 다양한 꽃을 심을수록 다양한 곤충을 만날 수 있습니다. 야생화를 심었다면 한층 더 특별한 곤충들을 만날 수 있습니다.
❷ 항아리에 물을 받아 꽃 옆에 둡니다. 고여 있는 물은 또 다른 종류의 곤충들을 만날 수 있게 합니다.
❸ 해마다 같은 일을 반복합니다.

벌과 개미

혼자가 아니야

내 친구들 중에서 그 수가 가장 많은 건 곤충이야. 숫자로만 보면 사실 지구의 주인은 곤충일 거야. 곤충은 네 발로 걷는 동물이나 새, 물고기의 수를 모두 합친 것보다 훨씬 더 많거든.

이렇게 곤충이 많은 건 누구보다도 사는 곳에 적응을 잘했기 때문이야. 곤충들은 몸집을 작게 만들고 수명을 짧게 하는 대신, 되도록 새끼를 많이 낳는 편을 택했어. 혼자보다 여럿이 힘을 합치는 편이 유리하다는 걸 아는 거야.

함께이기 때문에 더 큰 힘을 발휘하는 대표적인 곤충이 벌과 개미야. 지금은 서로 다른 곳에서 살지만 사실 벌과 개미는 친척이란다. 자세히 들여다보면 꽤 닮았어. 몸속에 뼈가 없는 대신 단단한 껍질을 가지고 있고, 수없이 많은 털이 있어서 주변 상황을 잘 파악할 수 있고, 머리에는 더듬이와 겹눈이, 가슴에는 세 쌍의 다리가 붙어 있지. 커다란 배를 가지고 있는 점도 닮았어. 차이가 있다면 벌들은 날개가 있는데, 대부분의 개미에게는 날개가 없다는 것 정도야.

　벌과 개미는 여럿이 함께 사는 것도 닮았어. 이들은 수천 마리가 함께 집을 짓고 먹이를 나누면서 서로를 지켜 주지.

　개미 왕국 안에서 개미의 역할은 알을 낳는 암컷, 짝짓기를 돕는 수컷, 그리고 일하는 국민 세 가지로 나뉜단다. 암컷은 여왕이라고 불리지만 사실은 한 무리를 이루는 모든 국민의 어머니야. 국민 모두가 여왕이 낳은 알에서 태어난 형제자매거든.

곤충이란?

몸이 머리, 가슴, 배, 세 부분으로 나누어지고, 다리가 여섯 개인 동물을 곤충이라고 해요. 거미는 몸이 머리와 몸통 두 부분으로 나누어지고 다리가 여덟 개이기 때문에 곤충이 아니에요. 많은 다리를 가진 쥐며느리와 지네도 곤충이 아니죠. 다리가 없는 달팽이 역시 곤충이 아니랍니다.

개미들은 어머니나 할머니가 같으면 서로 싸우지 않아. 그래서 이웃 개미 왕국과도 잘 지낸단다. 가까운 곳부터 수십 킬로미터 떨어진 곳에 사는 개미들까지 모두 일가족인 경우도 있고, 길이가 수천 킬로미터에 이르는 개미집도 있다고 해. 사실 개미는 지구상의 거의 모든 곳에 집을 짓고 살고 있어.

개미가 집을 크게 짓는 선수들이라면 벌은 집을 튼튼하게 짓는 선수들이야. 육각형 모양의 벌집은 최소한의 재료로 최대의 공간을 만들어 내는 건축 방법이야. 벌들의 뛰어난 계산 능력 덕분에 가능한 일이지. 벌은 이러한 수학 능력을 철저한 직업교육을 통해 전달하고 있어.

벌들은 막 태어났을 때부터 다양한 경험을 쌓기 시작해. 어린 벌들이 가장 먼저 하는 일은 빠른 날갯짓으로 벌집 안에 신선한 공기를 불어 넣는 거야. 이렇게 연습생 시절을 보내고 나면 집 안을 청소하고 새로운 집을 짓거나 애벌레를 돌보는 일을 해. 집 밖으로 나가는 건 그다음이야.

모든 과제를 잘 마친 벌들은 집 밖으로 나가 꽃을 찾아다니며

벌들의 땀과 같은 밀랍

꿀벌의 엉덩이 부분에는 왁스를 만들어 내는 샘이 있습니다. 이 왁스를 밀랍이라고 해요. 벌들은 온 힘을 다해 밀랍을 짜낸 다음, 얇은 판 모양으로 만들어서 집을 지어요. 그러니까 벌집은 벌들의 땀과 눈물로 완성되는 것이죠. 벌들은 4월부터 7월까지 꿀을 얻을 수 있는 시기에 벌집을 만드는데, 며칠 안에 집을 완성하는 경우도 있어요.

벌집은 육각형 모양의 방이 셀 수 없이 많이 연결된 것처럼 보여요. 방 하나의 무게는 5밀리그램도 안 되지만 벌들은 방마다 약 150밀리그램의 꿀을 저장한답니다. 방 무게의 30배가 넘는 꿀을 저장하는 거예요.

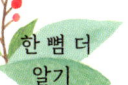

개미 왕국

새로운 개미 왕국은 여왕개미가 첫 번째 알을 낳고 그 새끼들에게 자신의 체액을 먹이고 키우면서 시작돼요. 알에서 깨어난 일개미들이 일할 준비가 되면 여왕개미는 새끼를 낳는 역할만 하지요. 왕국을 유지하는 모든 일들은 일개미들이 한답니다. 일개미들은 각자 할 일을 나누어 건축가처럼 집을 짓고, 사냥꾼처럼 먹이를 구하며, 보모처럼 새끼를 보살핍니다. 버섯을 키우거나, 진딧물과 매미충을 길러 단물을 받고, 적들로부터 왕국을 지켜 내기도 하죠. 한번 건설된 왕국은 여왕개미가 살아 있는 동안 유지되다가 여왕개미가 죽으면 함께 사라져요. 여왕개미는 보통 30년을 살아요. 그러니까 왕국도 30년 정도 유지되죠. 여왕개미의 수명은 일개미의 10~30배로 길어요. 혼자 사는 다른 곤충들과 비교하면 100배나 더 오래 사는 거예요.

꿀과 꽃가루를 모으는 일을 해. 이때서야 비로소 하늘을 나는 자유를 얻는 거야.

개미에게도 연습생 시절이 있어. 경험이 많은 개미가 어린 개미를 데리고 다니며 직접 가르치지.

연습생 개미는 한 가지 일만 배워. 예를 들어, 먹이를 찾으러

가는 사냥꾼 개미는 어린 개미를 데리고 다니면서 먹이 찾는 과정을 체험하게 해. 1 대 1로 과외를 하는 셈이지. 학생 개미가 꾸물거리면 선생님 개미가 걷는 속도를 늦추고 기다려 줄 정도로 배려심이 깊어.

개미들은 페로몬이라는 향기를 써서 대화해. 한 개미가 페로

몬을 전달하면 다른 개미가 더듬이로 이 페로몬을 읽는 거야. 개미들에게 더듬이는 코와 입, 손을 모아 놓은 것과 같아. 개미는 더듬이로 냄새를 맡고 맛을 보며 온도와 습도를 알아내고 앞에 놓여 있는 것이 무엇인지 만져 보거든.

개미들이 거대하고 조직적인 왕국을 만들고 유지할 수 있는 건 페로몬과 더듬이 덕분이야. 여왕개미는 페로몬으로 해야 할 일들을 알려 주고, 일개미들은 페로몬을 읽고 여기에 응답해. 왕국마다 서로 다른 페로몬을 만들어 내기 때문에 개미들에게 페로몬 향기는 신분증과도 같아. 개미들은 이 페로몬으로 자기가 어디에 속해 있는지, 옆에 있는 개미가 아군인지 적군인지

씨앗 전달자

동물의 도움을 받아 세상 곳곳으로 씨앗을 퍼트리는 나무 열매들에는 크게 네 가지 특징이 있어요. 첫째, 먹을 수 있는 과육이 있고, 둘째, 크기가 너무 작거나 크지 않고, 셋째, 잘 익었을 때 붉은색이나 검푸른 색을 띠어 동물들의 눈에 잘 띄며, 넷째, 씨앗이 소화가 되지 않는 단단한 껍데기로 싸여 있죠.

씨앗을 옮기는 동물의 덩치가 클수록 씨앗은 더 멀리까지 이동할 수 있어요. 작은 새에게 먹혔다가 배설되는 씨앗들은 엄마 나무에서 50미터 넘게 떨어지기 어려워요. 이에 비해 산비둘기, 어치, 꾀꼬리 등 덩치가 큰 새들은 버찌 씨앗을 1킬로미터 이상 멀리 떨어진 곳까지 옮겨 준답니다.

개미의 냉장고

개미는 잡식성이에요. 곤충류나 다리가 많은 다족류를 사냥하거나 애벌레와 같은 작은 동물들을 먹는가 하면, 진딧물이 배설하는 단물을 먹거나 단백질과 지방이 풍부한 씨앗을 먹는 등 채식에 가까운 식습관을 보이기도 해요. 한 연구 결과에 따르면 홍개미(Formica rufa)의 경우, 전체 먹이에서 진딧물의 배설물을 포함한 식물성 액체가 62퍼센트, 곤충류가 33퍼센트, 나무의 수액이 4.5퍼센트, 동물의 사체나 버섯균 사체가 0.3퍼센트, 씨앗이 0.2퍼센트의 비율을 차지한다고 해요.

구분할 수 있지.

개미는 페로몬으로 서로 이야기를 나누며 합리적이고 민주적으로 결정을 내려.

먹이를 찾은 사냥꾼 개미는 먼저 먹이를 조금만 가지고 집으로 돌아와. 그런 다음 다른 개미들과 먹이의 종류와 양에 대해서 이야기를 나누지. 먹이를 가져와야겠다고 결정하면 여럿이 함께 나가지만, 집 안에 먹이가 충분하거나 먹이 크기에 비해 거리가 너무 멀다고 판단하면 먹이를 포기하기도 해.

개미는 자기 몸무게의 40배에 달하는 물건을 들 수 있을 만큼 힘이 센 데다, 여럿이 힘을 합해서 움직여. 그래서 땅 위에 있는 거라면 뭐든지 분해해서 집으로 옮겨 올 수 있단다.

벌이 꽃가루를 옮겨 다니며 식물에게 도움을 준다면, 개미는 땅에 떨어진 씨앗들을 여기저기로 옮겨서 식물에게 도움을 줘. 개미들이 땅속으로 가지고 들어간 씨앗에서 싹이 트기도 하지. 개미들이 땅속에 집을 짓는 과정도 식물에게 도움이 돼. 개미들은 집을 짓는 동안 약 40톤의 흙을 땅 밖으로 운반하고 6톤의 나뭇잎을 땅속으로 가져가. 이 과정에서 자연스럽게 흙이 섞이고 땅이 비옥해져. 비옥해진 땅은 식물에게 더 많은 영양분을 주고 말이야.

벌과 개미는 특유의 부지런함과 협동심으로 저마다의 왕국을 만들고 계속 발전시키고 있어. 이 왕국들은 오랫동안 지속될 거야. 한 마리씩 떼 놓고 보면 작고 힘없어 보이는 것들도 여럿이 힘을 합치면 뛰어난 능력을 발휘하는 법이니까. 함께 도우며 노력하는 벌과 개미를 응원해 주렴.

개미와 벚나무

마음을 열어

나란히 줄을 서서 이동하는 개미들을 본 일이 있니? 개미들은 앞의 개미가 내뿜는 페로몬 향기를 따라서 이동해. 처음 한 마리가 지나갔던 길로 수백 마리의 개미들이 따라가서 먹이를 자르고 분해해서 집으로 가지고 오는 거야. 마지막 조각을 가진 개미는 페로몬 향기로 먹이가 없다고 전해. 그러면 개미들은 더 이상 그 길로 가지 않아. 이 페로몬의 흔적은 바람이 불면 점차 사라진단다.

개미가 지나다니는 길을 따라가 보면 놀라운 사실들을 발견할 수 있어. 무엇보다 놀라운 건 개미들이 걸음 수로 거리를 잰다는 사실이야. 개미들은 집에서 200미터 떨어진 곳까지 오갈 수 있는데, 개미에게는 몇 십만 걸음도 넘는 거리란다. 이 걸음 수를 센다니, 개미들의 능력은 정말 대단하지?

개미는 많은 생물에게 도움을 주는 동물이야. 집을 만들면서 흙을 섞어 주고 씨앗을 먼 곳까지 이동시켜서 식물들이 잘 자라

> **한 뼘 더 알기**
>
> ### 개미집
>
> 개미는 땅이 있는 곳이라면 어디에서든 볼 수 있어요. 다른 야생동물들이 살지 못하는 도시 안에서도 개미들의 왕국을 찾아볼 수 있죠. 개미 왕국의 이사는 결코 쉽지 않아요. 그래서 개미들은 집을 지을 때부터 입구나 위치가 눈에 띄지 않도록 숨겨요. 다양한 것들로 입구를 덮어 놓기 때문에 주의 깊게 살펴보아야 개미집을 발견할 수 있답니다.
>
> 개미는 주로 땅속에 집을 짓는데 6년 동안 8미터 깊이의 집에 약 1900개의 방을 만든다고 해요. 집을 지을 때는 흙, 나뭇잎, 나무 진액, 목재 조각 등을 이용하는데, 몸에서 나오는 끈적이는 물질을 흙에 발라서 무너져 내리지 않도록 고정합니다.

개미들은 비가 오거나 밤이 되면 왕국 문을 닫아서 온도와 습도를 유지하고 추운 겨울에는 땅속 깊은 곳에 방을 만들어서 땅속 열을 이용하죠. 흙을 쌓아 올려 동그란 둔덕 모양 집을 짓기도 하는데, 이것은 태양열을 받는 면적을 넓히려는 거예요.

개미 중에는 유목민처럼 사는 곳을 옮겨 다니는 종류도 있어요. 이런 개미들은 여럿이 몰려다니기를 좋아하지 않아서 달팽이 집이나 도토리 안에 집을 짓거나, 가운데 부분이 죽은 나무 속에 집을 짓기도 합니다. 죽은 나무 속에 집을 지을 때는 뿌리 쪽으로 입구를 내기 때문에 겉에서는 전혀 보이지 않아요. 하지만 딱따구리는 나무를 두드려서 개미집이 있는 위치를 정확히 찾아낸답니다.

도록 돕는 한편으로 덩치 큰 곤충들을 잡아먹어서 곤충 수를 조절해. 뿐만 아니라, 죽은 생물들을 작게 분해해서 결국 흙으로 돌려보내는 분해자 역할도 한단다. 개미 떼가 지나가면 죽은 동물의 몸 하나쯤은 금세 사라져.

또한 개미는 많은 동물들의 먹이가 되어 줘. 개미는 온갖 새와 도마뱀, 거미, 여러 곤충들의 주된 먹이란다. 그중에서도 청딱따구리는 하루에 3000~5000마리의 개미를 잡아먹지.

개미를 잡으려는 동물들은 저마다 특별한 기술을 개발했어. 어떤 지네와 딱정벌레는 개미애벌레와 비슷한 향기를 내서 개미들을 헷갈리게 만들고, 개미와 비슷한 생김새에 개미의 행동을 따라 하면서 몰래 개미집으로 들어가는 거미도 있어. 침노린재는 개미의 페로몬과 비슷한 향을 만들어서 자신이 있는 곳으로 개미를 유혹하지.

개미가 아닌데 개미집 안에 살면서 개미들의 보호를 받는 생물도 있어. 대표적인 생물은 뭐니 뭐니 해도 진딧물이지. 햇살이 따사로운 봄이 되면, 개미들은 진딧물을 등에 업고 줄을 맞춰 부지런히 나무 위로 올라가. 나무의 단물을 먹고 사는 진딧물들은 이제 막 돋아난 연하고 부드러운 가지를 좋아하거든. 땅에서부터 나뭇가지 끝까지 개미들은 쉴 틈 없이 움직여.

개미는 진딧물을 정성스럽게 돌봐. 바람이 불거나 비가 내려서 진딧물이 미끄러지기라도 하면 다시 처음에 있던 자리로 데려다주고, 진딧물들이 한곳에 모여 있으면 몇몇을 다른 곳으로 데려가서 숨 쉴 공간을 만들어 주지.

겨울이 오기 전에 따뜻한 집 안으로 데려와 진딧물이 낳은 알을 돌봐 주기도 해. 만에 하나 이사하게 되더라도 잊지 않고 진딧물들을 데리고 간단다.

　개미가 왜 이렇게 진딧물을 아끼느냐고? 진딧물이 나누어 주는 단물 때문이지. 진딧물은 나무 속에 흐르는 물을 빨아 마시는데 대부분을 몸 밖으로 내보내. 진딧물의 몸 밖으로 나오는 단물은 개미가 아주 좋아하는 먹이야. 개미는 진딧물로부터 단물을 얻는 대신 무당벌레애벌레로부터 진딧물을 지켜 줘. 무당벌레애벌레는 진딧물들의 천적이거든.

　평소 여러 생물들에게 공격 받는 개미는 무언가를 지켜 내는 데 전문가야. 숲에는 이런 개미의 장점을 이용하는 식물이 있단다. 바로 벚나무야. 벚나무는 봄이 되면 화려한 꽃으로 벌들을 유혹하고, 여름이 되면 초록잎으로 개미를 유혹해.

　벚나무 잎 아래쪽 넓은 면이 시작되는 부분에는 사마귀 점같이 튀어나온 꿀샘이 있는데, 개미들은 이 꿀샘을 찾는 단골손님이란다.

　벚나무가 꿀샘을 잎자루에 마련해 둔 건 개미들을 위한 배려야. 개미들이 나뭇잎 끝까지 가다가 미끄러져서 떨어지지 않도록 하는 거지.

　개미들의 아지트인 벚나무에는 다른 곤충들이 잘 찾아오지 않아. 나뭇잎을 갉아 먹던 애벌레들도 개미들이 나타나면 도망을 치지. 그러니까 개미는 벚나무를 귀찮게 하는 곤충들을 쫓아내는 보디가드인 셈이야.

벚나무와 개미는 동물과 식물이라는 차이를 넘어 좋은 친구가 됐어. 서로가 무엇을 원하는지 살펴보면서 함께 살아갈 방법을 찾아낸 거지.

마음을 열고 편견 없이 상대를 바라보면 누구나 진정한 친구가 될 수 있어. 그리고 좋은 것들을 함께 나누며 행복해질 수 있지. 나와 다르다고 해서, 익숙하지 않다고 해서 다른 사람들을 무시하거나 두려워할 필요는 없어. 이야기를 나누다 보면 비슷한 고민이나 관심사를 찾게 되거든. 그렇게 함께 고민하면 해결책을 찾게 될 거야. 개미와 벚나무처럼 말이야.

개미와 진딧물

준비물 피구공
활동 공간 넓은 잔디밭
주의 사항 이기려는 마음에 친구들과 싸우면 안 돼요.
활동 방법

① 두 사람이 한 팀이 되어 손을 잡고 하는 짝피구입니다.
② 두 사람 가운데 한 사람은 개미 역할을 하고 다른 한 사람은 진딧물 역할을 합니다.
③ 개미는 공을 맞아도 되지만 진딧물이 공을 맞으면 두 사람 모두 경기장 밖으로 나와야 합니다.
④ 잡은 손을 놓으면 두 사람 모두 경기장 밖으로 나와야 합니다.
⑤ 호흡을 잘 맞춘 팀이 누구인지 알아보고 공생 관계에 대해서 이야기를 나누어 보세요.

욕심내면 안 돼

　벚나무는 보통 60여 년을 사는 나무야. 화려한 꽃, 많은 열매, 그리고 꿀샘으로 동물들의 눈을 사로잡고 먹을 것을 나누어 주고 또 도움을 받으며 살아가지. 많은 나무들이 100년 이상 살 수 있는 것에 비하면 수명이 짧은 편이야. 나무가 빨리 죽는다는 건 그만큼 먹여 살리는 생물들이 많다는 이야기야. 오래된 벚나무에는 각종 비단벌레류를 포함해서 100여 종이 넘는 딱정벌레들이 집을 지어. 사슴벌레들도 벚나무의 속살을 먹고 살아가지. 꽃비단벌레나 다이아몬드바구미의 유충은 벚나무 꽃의 연한

부분이나 열매의 과육, 새로 난 줄기 등을 먹고 살아. 벚나무 열매인 버찌는 초파리들이 아주 좋아하는 먹잇감이란다.

작은 곤충들과 열매가 많은 벚나무에는 다양한 새들이 모여들어. 꾀꼬리, 까치, 어치, 박새, 곤줄박이, 동고비, 개똥지빠귀를 비롯해서 지빠귀, 찌르레기, 산비둘기, 콩새와 같은 새들은 벚나무 덕분에 살아갈 수 있지.

벚나무는 자신을 찾아온 새들에게 열매를 나누어 줘. 새들이 씨앗을 멀리 퍼트려 주기를 바라면서 말이야. 하늘에서 뚝 떨어지는 새똥을 본 적 있지? 새들은 다른 곳으로 이동하면서 배설을 하는데, 이때 씨앗이 함께 몸 밖으로 나오는 거야.

벚나무를 사랑하는 새들 중에는 딱따구리도 있어. 다른 나무에 비해 수명이 짧은 벚나무는 딱따구리가 집을 지을 공간을 자주 내주곤 해. 개미를 주식으로 하는 청딱따구리에게는 개미들이 모여 사는 벚나무가 잘 차려진 뷔페나 다름없단다.

딱따구리는 벚나무가 건강한지에 관심이 많아. 딱따구리가 찾는 건 병들어 죽어 가는 나무란다. 나무는 나이를 먹으면 대부분 가운데 부분부터 죽어 가는데, 병들어 죽어 가는 부분이 생기면 작은 곤충이나 미생물들이 찾아와서 나무의 속살을 파

먹어. 그래서 몸속에 큰 구멍이 생기기도 하지. 딱따구리는 몇 번 두드려 보는 것만으로도 나무의 어떤 부분이 아픈지 알아내곤 한단다.

드르륵… 드르륵… 오늘도 공사가 시작되었나 봐. 딱따구리는 내가 아는 최고의 목수야. 딱따구리의 단단한 부리는 나무를 쪼개는 도끼가 되기도 하고, 나무에 구멍을 내는 송곳이 되기도 해. 애벌레와 곤충을 집는 집게가 되기도 하지. 그뿐만이 아니야. 딱따구리의 돌기가 있는 혓바닥과 끈적한 침은 구멍 속에서 곤충과 애벌레를 꺼내는 도구란다. 딱따구리는 부리 하나로 이

한 뼘 더 알기

딱따구리의 두통

딱따구리는 하루에 1만 2000번 이상 나무를 두드려요. 이런 딱따구리에게 어지럼증이나 두통은 없을까요? 딱따구리의 두개골 안에는 연골이 가득 차 있고, 그 연골 안에 뇌가 들어 있어요. 연골은 부리에서 오는 충격을 흡수해서 뇌까지 전달되지 않도록 하지요. 딱따구리의 뇌와 두개골 사이에는 빈 공간이 거의 없어서 뇌가 쉽게 흔들리지 않는답니다.

모든 일을 다 하고 있어.

딱따구리는 특별한 부리 덕분에 다른 새들과는 차별화된 방법으로 먹이를 구할 수 있어. 대부분의 새들은 나무 위쪽 가지가 많은 부분에서 생활하며 애벌레를 잡아먹는데, 딱따구리는 그 아래쪽 줄기 부분을 활용하지. 자기만의 방법으로 먹이를 구하기 때문에 다른 새들과 경쟁하지 않아. 이건 모두 나무를 다루는 기술을 발전시킨 덕분이야.

딱따구리는 대화하는 방법도 독특해. 한 쌍의 딱따구리 부부가 살아가려면 축구장 50개 넓이와 맞먹는 넓은 숲이 필요하단다. 딱따구리는 1초 동안 15~20번까지 나무를 두드리는데, 이 소리는 1킬로미터 밖에서 들릴 정도로 크게 울려. 그래서 넓은 공간 구석구석까지 신호를 보낼 수 있지. 딱따구리는 저마다 나무를 두드리는 소리가 달라. 그래서 소리만 듣고도 서로를 알아챌 수 있단다. 짝짓기 시기가 되면 수컷 딱따구리는 나무를 힘차게 두드려서 암컷 딱따구리를 불러. 소리가 크고 강할수록 건강하다는 표시야.

딱따구리는 수없이 많은 노력을 통해 집짓기의 명수가 됐어. 나무줄기에 걸터앉기 쉬운 발 모양과 근육도 갖게 됐지. 딱따구리는 매끈한 나무들도 오르내릴 수 있을 만큼 근육이 발달한 데다, 꼬리 끝을 쐐기 모양처럼 발달시켜서 나무를 두드릴 때도 아래로 미끄러지지 않아.

딱따구리는 한번 집을 지으면 몇 년간 쓴단다. 그래서 나무를 고를 때 고민을 많이 해. 햇빛이 잘 드는지, 바람은 잘 통하는지,

한 뼘 더 알기

몸에 맞는 입구

딱따구리는 언제나 자신의 덩치에 맞는 집을 지어요. 딱따구리가 만들어 놓은 구멍 크기를 보면 누가 만든 집인지 알아볼 수 있죠.

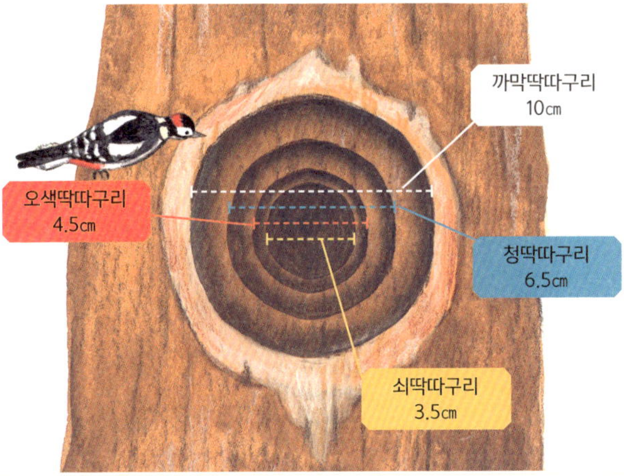

까막딱따구리 10㎝
오색딱따구리 4.5㎝
청딱따구리 6.5㎝
쇠딱따구리 3.5㎝

주변에 위험한 동물들은 없는지, 먹을 것은 많은지 꼼꼼하게 살피지.

새들은 모두 정성 들여 집을 짓지만 한 계절만 쓰고 버리는 경우도 많아. 비바람을 견디기 어렵고 한곳에 오래 살면 병에 걸릴 염려도 있거든. 하지만 딱따구리는 단단한 나무를 뚫어 집을 짓기 때문에 비바람에도 끄떡없는 튼튼한 둥지를 만들 수 있지.

최고의 건축가 딱따구리가 집을 짓기 시작하면 주변에 있던 동물들의 가슴까지 두근거리기 시작해. 딱따구리가 지은 집은 다른 동물들에게도 인기가 많거든. 딱따구리가 이사하기를 기

> **한 뼘 더 알기**
>
> ### 나무를 두드리는 곤충
>
> 딱따구리처럼 소란스럽지는 않지만 딱따구리와 비슷한 이유로 나무를 두드리는 생물들이 있어요. 하늘소과에 속하는 곤충들이죠. 이 친구들은 긴 더듬이로 나무를 두드리는데, 첫 번째 이유는 알을 낳기에 적당한 위치를 찾아내기 위해서고, 두 번째 이유는 어둠 속에서 다른 친구들과 소통하기 위해서입니다.

다렸다가 그 집에 들어가 살려는 동물은 족제비, 청설모, 박쥐, 산비둘기, 부엉이, 올빼미, 말벌, 등애, 야생벌 등 내가 아는 것만 50종이 넘어. 딱따구리 집에 누가 살게 되느냐에 따라서 주변에 사는 동물들의 종류와 숫자가 결정되기도 해. 부엉이나 올빼미가 딱따구리 집에서 살 때는 들쥐나 다람쥐 같은 작은 동물들의 숫자가 줄어들더라고.

　벚나무와 딱따구리는 자신이 가진 것들을 나누면서 다른 많은 생물들에게 도움을 주고 있어. 내게 꼭 필요하지 않은 것이라면, 그리고 누군가 그것을 필요로 한다면 나누어 봐. 나눔은 함께하는 친구들을 기쁘게 해 줄 거야. 그리고 세상을 조금 더 평화롭게 만들지. 반대로 욕심을 부리면 다른 이들을 힘들게 하고 결국 자기 자신도 외로워진단다.

1초에 몇 번?

딱따구리는 빠른 속도로 나무를 두드리는 것으로 유명해요. 친구들과 박수치기 놀이를 하면 그 속도를 체험해 볼 수 있어요.

준비물 초시계, 친구 2명 이상
활동 공간 딱따구리 집 근처
주의 사항 딱따구리 집을 함부로 들여다보지 않도록 합니다.
활동 방법

1. 한 사람이 초시계로 시간을 잽니다.
2. 10초 동안 박수를 치면서 횟수를 셉니다.
3. 박수 친 횟수를 10으로 나누어 1초 동안 박수 친 횟수를 알아봅니다.
4. 딱따구리가 나무를 두드리는 소리를 귀 기울여 듣습니다.
5. 10초 동안 딱따구리가 나무를 두드리는 횟수를 세어 봅니다.
6. 딱따구리가 나무를 두드리는 횟수를 세는 데 성공했다면, 1초 동안 딱따구리가 나무를 두드린 횟수를 계산해 봅니다.
7. 딱따구리가 나무를 두드리는 속도와 친구가 박수 친 횟수를 비교해 봅니다.

딱따구리와 동고비

아껴 쓰고 고쳐 쓰자

 곤충은 스스로 통제하기 어려울 정도로 숫자가 많아. 이런 곤충의 숫자를 조절하는 건 추운 겨울의 날씨와 다른 동물들이야. 특히 식성이 좋은 딱따구리는 곤충의 숫자를 조절해서 질병을 예방하고 균형을 찾아 주는 역할을 한단다.

 까막딱따구리는 한겨울에도 매일 3000마리 정도의 개미와 딱정벌레 애벌레를 잡아먹고, 청딱따구리의 새끼는 하루에 약 7000마리의 개미와 애벌레를 잡아먹어. 청딱따구리가 한 배에 6~8개의 알을 낳으니까, 이 알들이 부화하면 한 달 동안 약

150만 마리의 개미와 애벌레가 사라지는 거야.

 이 과정이 늘 나무에게 도움이 되는 건 아니야. 당장은 나무를 귀찮게 하는 미생물 수가 줄어들지만, 딱따구리가 나무를 두드리는 과정에서 나무에 상처를 내기 때문에 결국 더 많은 미생물이 나무로

 모여들거든. 딱따구리가 망치질을 하기 전까지, 곤충들에게 나무껍질은 거대한 성벽과도 같아. 단단한 껍질 속으로 조금이라도 파고들라치면, 나무는 곤충들이 싫어하는 향기를 내뿜어서 스스로를 보호하거든. 딱따구리는 이렇게 단단한 나무껍질을 벗겨 내고 그 안에 구멍을 내서, 나무의 속살을 먹고 사는 생물들에게 새로운 세상을 열어 주는 거야.

 딱따구리는 집을 지을 때 여러 개의 나무를 골라서 이곳저곳 두드려 봐. 한 번에 한 개씩 집을 짓는 게 아니라, 이 나무 저 나무를 옮겨 다니며 집짓기를 시도해 보고 그 가운데 가장 좋은 나무를 선택하는 거야. 그런데 딱따구리가 집을 짓다 만 나무 구멍은 곤충과 버섯, 곰팡이와 같은 생물들이 살기 쉬운 곳으로 바뀌어서 썩어 들어가기 쉬워.

병든 나무가 죽어서 쓰러지면, 나무와 땅이 맞닿은 면적이 넓어지면서 나무가 분해되는 속도가 수십 배로 빨라져. 딱따구리는 나무가 죽어서 빨리 분해되어 흙으로 돌아가도록 돕는 동물인 거지. 흙으로 돌아간 나무는 다른 생물들에게 꼭 필요한 양분이 되어 줄 테고 말야.

내 안에서 태어난 모든 것들은 아주 작은 것조차 소중해. 쓸모없어 보이는 것들도 누군가에게는 꼭 필요한 역할을 해 주거든. 대표적인 예가 동고비야.

동고비는 나무 구멍 속에 집을 짓는데, 나무에 자연적으로 구멍이 생기기까지는 너무 오랜 시간이 걸리거든. 그래서 동고비는 딱따구리가 만들어 놓은 구멍이 있으면 어디든 찾아가.

딱따구리가 만든 구멍이 동고비에게 너무 크지 않냐고? 동고비는 구멍이 큰 집을 좋아해. 구멍이 크고 깊으면 나뭇조각과 껍질을 최대한 많이 넣어서 푹신한 침대를 만들 수 있거든. 침대가 높으면 물이 아래로 빠져서 새끼들이 빗물에 젖지 않아도 되고 말이야.

집 안을 꾸미는 일은 주로 암컷 동고비가 해. 수컷이 나뭇조각이나 겨울눈의 껍질, 낙엽이나 나무껍질 등을 모아 오면 암컷은 그 재료가 적당한지 살펴보고 가져다 써. 새끼가 태어나기 전에 공사를 끝마치지 못하면 아기 새가 태어난 다음에도 공사가 계속된단다. 그래서 동고비의 집은 안팎으로 공사가 진행 중인 경우가 많아. 딱따구리가 만들어 놓은 구멍은 대부분 동고비에게 너무 크기 때문에 동고비는 다른 새나 동물이 들어오지 못하도록 입구를 작게 만드는 공사를 해야 하거든.

동고비는 자연에서 얻은 것들로 집을 꾸며. 대문을 만들 때는 진흙과 나뭇조각을 이용하는데, 나무 구멍 하나를 막기 위해서

딱따구리 흔적 찾기

소리로만 딱따구리를 찾는 건 쉽지 않아요. 딱따구리를 찾으려면 딱따구리가 남긴 흔적을 잘 살펴보아야 하죠. 딱따구리는 딱정벌레 애벌레나 개미 등을 잡으려고 나무껍질에 도끼로 찍은 듯한 흔적을 남겨 놓아요. 나무 수액을 마시려고 나뭇가지에 구멍을 뚫어 놓기도 하고, 나뭇가지 사이나 나무 구멍 사이에 솔방울을 끼워 놓고 씨앗을 먹기도 해요. 이런 흔적을 발견했다면 주변에 딱따구리가 있는 게 틀림없어요.

는 1~2킬로그램의 진흙이 필요하단다.

동고비가 한 번에 나를 수 있는 진흙이 1그램 정도니까, 동고비는 1천 번 넘게 부리로 진흙을 날라서 입구를 수리하는 거야. 그 외에도 동고비는 7000개에 달하는 재료 조각들을 모아서 집을 꾸민단다. 동고비들의 인내심과 성실함은 정말 대단하지?

나와 함께 사는 친구들은 무분별하게 새로운 것만 쓰려 하지 않아. 무엇이든 이미 있는 것들을 새로운 방법으로 다르게 활용할 줄 알지. 무언가를 고쳐서 다시 쓰는 것은 그것이 가진 가치

> **한 뼘 더 알기**
>
> **숲에 사는 새들**
>
> 나무와 덤불 사이에 집을 짓고 사는 숲속 새들은 강이나 바다에 사는 새들보다 덩치가 작아요. 숲속 새들 중에서 덩치가 큰 편에 속하는 수리부엉이는 몸길이가 70센티미터 정도인데, 물가에 사는 왜가리나 백조는 몸길이가 1미터를 넘는답니다. 물론 숲에도 장끼(꿩의 수컷)처럼 덩치가 큰 새들이 있지만 작은 새들을 만나는 경우가 더 많아요. 몸길이 9센티미터의 상모솔새와 11센티미터의 진박새, 13센티미터의 붉은머리오목눈이는 아주 작아서 자세히 관찰해야만 볼 수 있죠.

> **한 뼘 더 알기**
>
> **나무의 피부**
>
> 나무껍질은 나무의 피부예요. 나무에게 아주 중요한 기관이죠. 나무껍질은 비가 오거나 뜨거운 태양빛이 내리쬘 때 나무가 다치지 않도록 보호하고, 곤충이나 미생물들이 안으로 파고들지 못하도록 해요. 나무껍질 덕분에 나무는 마음 놓고 빛을 향해 자라날 수 있답니다.
>
> 나무껍질의 모습은 나무마다 달라요. 벚나무는 숨을 쉬는 구멍들이 가로선을 그리고, 물푸레나무와 쪽동백나무는 매끈한 피부를 자랑해요. 자작나무는 하얀 껍질이 가로로 찢어지게 자라고 은사시나무에는 다이아몬드 모양의 숨 쉬는 구멍들이 있어서 멀리서 보면 반짝반짝 빛나지요.
>
> 시간이 흐르면 나무들은 껍질을 조금씩 벗어 내요. 눈에 띄게 껍질을 벗어 버리는 나무로는 소나무, 향나무, 버즘나무, 배롱나무, 물박달나무 등이 있습니다.

를 알아본다는 뜻이고, 창의적이면서 또 지혜롭다는 뜻이야.

 이런 태도 덕분에 나와 함께 살아가는 많은 친구들은 좁은 공간 안에 모여 있어도 별 탈 없이 잘 살아갈 수 있어.

낙엽 아래 탐험

땅 위의 세상만큼 땅속 세상도 쉴 새 없이 변화합니다. 땅을 조금만 파 보아도 알 수 있죠. 층층이 쌓인 낙엽 밑에는 식물에게 양분을 제공하는 부엽토가 있고, 그 아래에는 밝은색의 모래나 자갈이, 더 깊이 들어가면 단단하고 큰 돌이 자리하고 있습니다.

활동 공간 낙엽이 푹신하게 쌓인 곳

주의 사항 낙엽을 들추고 관찰한 다음에는 다시 낙엽을 덮어 놓습니다.

활동 방법

1. 사람의 발길이 닿지 않은 숲 바닥에서 층층이 낙엽이 쌓인 곳을 찾습니다.
2. 가장 위쪽의 낙엽을 걷어 낸 다음, 작년에 떨어진 낙엽들을 찾아봅니다.
3. 부서진 작년 낙엽들을 걷어 내고 부드럽고 촉촉하며 어두운 색을 띠는, 영양가가 풍부한 부엽토를 찾아봅니다. 부엽토는 건강한 숲에 반드시 필요한 존재입니다.

동고비와 소나무

··· 시작이 반이야 ···

새들은 수다스럽지만 재미있는 친구들이야. 좋아하는 나무가 분명해서 마음에 드는 나무를 발견하면 여럿이 몰려와 재잘거리지.

나무와 새는 깊은 관계를 맺고 있어. 나무 종류에 따라 그 나무에서 사는 새의 종류가 달라질 정도야. 어떤 새들은 가을과 겨울에도 잎이 푸르른 전나무, 잣나무, 소나무 같은 침엽수를 좋아하고, 어떤 새들은 가을이면 나뭇잎을 떨어뜨리는 참나무, 벚나무, 물푸레나무 같은 활엽수를 좋아해. 나뭇잎이 없으면 햇빛이 숲 바닥까지 들어올 수 있어서 키가 큰 나무와 키가 작은 나무들이 어우러져 살 수 있거든. 그러면 새들이 몸을 숨길 곳도 많아져. 그래서 침엽수와 활엽수가 적당히 어우러진 곳을 좋아하는 새들도 많단다.

동고비가 좋아하는 나무는 나무 구멍뿐만 아니라 나무껍질 사이에도 틈이 있는 종류야. 소나무처럼 나무껍질이 두꺼우면 껍질 사이에 깊은 골이 파여 있곤 하거든. 동고비는 그 틈에 개암이나 잣과 같은 씨앗을 끼워서 고정시켜 놓고 안을 파먹는단다. 가을에는 나무 틈 사이에 열매를 숨겨 놓기도 하지. 그래서 틈이 많은 나무의 주변 바닥에는 동고비가 씨앗을 빼 먹고 버린 솔방울이나 열매 껍질들이 널브러져 있어.

동고비는 집을 짓고 수리하고 새끼를 먹여 살리느라 늘 분주해. 쉴 새 없이 나무를 오르락내리락하면서 나무껍질 사이를 살피고 곤충이나 애벌레를 잡아야 하거든. 동고비는 나무타기 선수야. 균형 감각이 좋은데다 덩치에 비해 발이 커서 나무를 거꾸로 타고 내려오거나 물구나무를 서는 것처럼 나뭇가지에 매달려 걸어갈 수도 있어.

동고비가 나뭇가지를 타고 약간 비스듬히 달려 내려오는 건

떨어지거나 넘어지지 않기 위해서야. 동고비는 걸음이 빨라서 눈 깜짝할 사이에 나무 뒤로 숨어 버리거나 날아가는 곤충을 잡기도 한단다.

  동고비는 집을 수리하고 꾸미는 데 각별히 신경을 써. 먼저 큰 나뭇조각들로 기초 공사를 하고 그 위에 다양한 나무껍질과 나뭇가지, 겨울눈의 껍질과 잘 마른 낙엽 등을 층층이 쌓아 올리지. 동고비가 가장 좋아하는 재료는 소나무 껍질이야. 소나무 껍질은 아주 특별하거든.

나무는 안쪽에서 바깥쪽으로 자라 나오는데 소나무는 덩치가 커지면서 껍질이 갈라지는 특징이 있어. 그래서 나무껍질이 여러 층으로 나뉘지. 소나무의 나무껍질은 세로로 깊게 갈라지고 나무의 위쪽으로 올라갈수록 크기가 작아져. 아래쪽의 껍질들이 두껍고 거친 데 비해, 위쪽 껍질들은 얇고 연하지.

동고비는 소나무 위쪽의 연한 껍질을 좋아해. 소나무 위쪽 붉은빛이 도는 부드러운 껍질은 매끄럽고 구부리기 쉬워서 아기 새들의 연약한 살에도 상처를 내지 않거든. 동고비는

이런 나무껍질을 얻기 위해서 아주 멀리까지 날아가기도 해. 둥지를 지으려면 나무껍질을 수천 개씩 모아야 하기 때문에 동고비는 쉴 틈이 없어.

  소나무는 빛을 좋아해서, 햇빛이 잘 드는 곳이면 건조한 땅에도 뿌리를 내려. 그 대신 물을 찾기 위해서 수많은 뿌리수염을 만들지. 6개월밖에 되지 않은 어린 소나무에게 3000개가 넘는 뿌리수염이 달려 있기도 해. 소나무는 특히 빛에 민감해서 나뭇가지도 햇빛의 방향을 따라 구불구불하게 자라게 하고 이파리도 주로 나무 위쪽에 만들어. 아래쪽에 난 가지들은 마르게 해서 떨어뜨리고 온 힘을 다해 빛을 따라가는 거야. 그래서 소나무 위쪽의 껍질은 반질반질 빛을 반사하는 거울 같단다.

  다른 새들은 상상도 못 할 나무 타기를 시도하는 동고비와 황무지를 개척하는 소나무는 어려움 속에서도 희망을 잃지 않고 새로운 것에 도전하는 용기를 보여 줘. 어렵고 힘든 시기를 이겨 내고 새로운 길을 간 끝에, 이 친구들은 다른 누구도 따라 할 수 없는 뛰어난 능력자가 된 거야.

  무엇이든 원하는 것이 있다면 지금부터 시작해 봐. 시작하는 것만으로도 반은 이룬 거니까 말이야.

소나무와 다람쥐

마음의 여유를 가져 봐

소나무처럼 잎이 뾰족한 나무들은 대부분 겨울에도 초록색을 띠어. 바늘처럼 생긴 잎은 왁스로 코팅되어 있고, 안에는 지방질이 가득 들어 있어서 얼거나 마르지 않거든. 땅에 떨어진 다음에도 잘 썩지 않지. 이에 비해 넓은 잎들은 땅에 떨어지면 쉽게 흙으로 돌아가. 땅에서 얻은 영양분을 다시 땅으로 돌려주는 순환 속도가 빠른 거지. 그래서 활엽수들이 1년에 한 번 나뭇잎을 만드는 반면, 소나무는 한 번 만든 잎을 3년 정도 사용해. 그만큼 소나무는 순환 속도가 느리단다.

자연으로 천천히 돌아가는 건 척박한 곳에 자리를 잡고 땅을 일구는 소나무의 방식이야. 땅에 떨어져도 잘 썩지 않고 쌓여 있는 바늘잎들은 소나무가 다른 나무들에게, 그리고 나에게 기다려 달라고 말하는 거야.

소나무를 처음 만났을 때가 생각나. 그때 난 나무가 많지 않아서 햇빛을 온전히 다 받아야 했어. 물이 적어서 땅도 말라 있고 말야. 그런데 소나무 씨앗이 바람을 타고 찾아온 거야. 소나무는 아직 어린 나도 괜찮다고 했어. 그렇게 우리는 함께하게 됐지.

소나무 씨앗이 뿌리를 내리고 나무로 자라기까지는 50년이 넘는 긴 시간이 필요했단다. 수백 년을 사는 소나무는 한결같이 느긋했지만, 어린 나에게는 길게만 느껴지는 시간이었어.

언젠가 나는 소나무에게 어서 빨리 다양한 나무들과 함께 살고 싶다고 털어놓았어. 소나무는 나에게 급하게 서두르지 말고 기다려야 한다고 했지.

소나무는 늘 여유로워. 솔방울만 보아도 알 수 있지. 소나무는 수꽃에서 노란 꽃가루를 만들고 바람에 실어서 암꽃에게 보내. 그러면 솔방울이 만들어지지.

방금 태어난 솔방울은 초록
색의 작은 열매 같아서 알아보기
힘들어. 그런 솔방울이 온전히 자
라나 땅에 떨어지기까지는 3년이 걸
려. 솔방울이 다 자라서 씨앗이 완성되
면 소나무는 물기를 빼내고 갈색 옷으로 갈아입혀. 이때야 비로
소 솔방울들이 씨앗에게 문을 열어 주는 거야.

　솔방울은 빛과 바람 그리고 온도와 습도를 이용하는 소나무
의 발명품이야. 날개를 달고 있는 솔씨는 물에 젖으면 멀리 날
아갈 수 없어. 그래서 솔방울은 비가 오거나 흐린 날이면 문을
닫아 씨앗을 붙잡아 둬. 반대로 해가 떠서 건조하고 바람이 부
는 날에는 문을 열어서 솔씨들이 바람을 타고 날아가도록 돕지.
솔방울 안에 들어 있는 솔씨들이 모두 빠져나가고 나면 소나무
는 솔방울을 땅에 떨어뜨린단다.

솔방울처럼 생긴 열매들을 '구과'라고 하는데, 소나무뿐 아니라 전나무와 가문비나무, 구상나무, 스트로브잣나무 등의 침엽수들은 구과로 씨앗을 퍼트리고 있어.

> **한 뼘 더 알기**
>
> **열매에 따라 달라지는 겉씨식물과 속씨식물**
>
> 여름부터 가을까지 식물들은 풍성한 열매로 동물 친구들을 살찌워요. 덕분에 동물들은 추운 겨울을 대비할 수 있죠. 열매는 씨앗을 보호하는 한편, 씨앗이 멀리까지 이동할 수 있도록 도와요.
>
> 열매 모양은 나무마다 다르고 종류 또한 다양해요. 복숭아나 자두는 하나의 씨앗을 부드러운 과육이 감싸고 있고, 사과나 배는 여러 개의 씨앗이 과일 안에 들어 있어요. 도토리나 개암같이 딱딱한 껍질 안에 씨앗이 하나씩 들어 있는 경우와 아까시나무나 등나무처럼 콩깍지 안에 여러 개의 씨앗이 들어 있는 경우도 있어요. 공통점은 씨앗이 무언가에 싸여 보호된다는 거예요. 그래서 활엽수를 속씨식물이라고 부르지요.
>
> 침엽수의 씨들은 밖으로 나와 있어요. 많은 경우 침엽수는 구과라 불리는 열매를 맺는데, 씨앗들이 밖으로 나와 있어서 바람을 타고 날아가요. 그래서 침엽수를 겉씨식물이라고 부른답니다.

솔씨들은 땅과 만나면 여섯 장의 떡잎을 달고 새싹이 되어 나와. 소나무는 씨앗 때부터 인내심이 강하단다. 소나무 씨앗은 싹을 틔울 적당한 시기가 오기까지 4~5년을 기다리기도 해. 싹을 틔운 다음에도 뜨거운 햇빛과 비바람을 잘 견뎌 내지.

솔방울 하나를 만들기 위해 온 힘을 다하는 소나무 덕분에 숲에서는 수많은 동물들이 먹고 살 수 있어. 특히 솔씨는 영양분이 풍부해서 다람쥐와 청설모, 솔잣새, 딱따구리, 들쥐에게 아주 중요한 먹이란다.

숲 바닥에 버려진 솔방울들을 본 적 있지? 솔방울 모양을 잘 살펴보면 누가 솔씨를 먹었는지 알 수 있어. 성격에 따라, 생긴 모양에 따라 먹이를 먹는 법이 다르기 때문이지.

청설모는 나무 위를 뛰어다니면서 솔방울과 같은 구과 열매들을 찾아. 솔방울을 발견하면 안전한 곳으로 가지고 가지. 청솔모는 앞발로 솔방울을 잡고 이빨로 잡아 뜯어 씨앗을 먹는데, 급한 마음에 끝 부분까지 다 먹지 않고 버리는 경우가 많아.

청설모에 비하면 들쥐는 조금 느긋해. 들쥐는 땅속에 살다가 가끔씩 밖으로 나와서 바닥에 떨어진 솔방울이나 개암나무 열매를 주워 먹어.

들쥐는 섬세하게 껍질을 잘라 내고 씨앗을 꺼내 먹기 때문에 들쥐가 먹고 난 솔방울에는 가운데 줄기만 남아 있지.

솔방울 같은 구과 열매를 좋아하는 또 다른 친구는 솔잣새야. 솔잣새의 부리는 끝이 휘고 살짝 어긋나 있어서 구과 열매에서 씨앗을 하나씩 빼먹기에 좋아. 그래서 솔잣새가 씨앗을 빼 먹은 다음에도 구과 열매들은 모양이 거의 흐트러지지 않지. 솔잣새는 나뭇가지 사이를 날아다니면서 나무에 열매가 달려 있는 채로 씨앗을 빼 먹을 만큼 정교한 부리를 가졌단다.

딱따구리의 부리는 정교한 것과는 거리가 멀어. 딱따구리가 먹고 난 솔방울은 마구잡이로 뜯어 낸 모양이야. 사이사이를 부리로 쪼아 먹은 흔적이 남아 있지.

다람쥐는 겨울을 대비해서 솔방울과 솔씨를 저장해. 다람쥐는 땅속에서 겨울잠을 자는 동물이지만 따뜻한 날이면 잠에서 깨어나 저장해 둔 먹이를 먹어. 이때를 대비해서 늦여름부터 가을까지 먹이를 저장하는 거야. 그래서 가을이면 양볼 가득 먹이를 물고 빠른걸음으로 숨길 곳을 찾는 다람쥐를 자주 만날 수 있단다. 다람쥐는 한 번에 해바라기 씨를 100개까지 물고 있을 수 있어.

이 시기에 다람쥐는 굉장히 예민해. 자기 구역 안에 아무도 들어오지 못하도록 사납게 경고도 하지. 다람쥐는 보통 집 안에 먹이를 저장하는데, 공간이 부족하면 집 주변에 땅을 파고 열매

> **한 뼘 더 알기**
>
> **숲의 나이**
>
> 나무는 종류에 따라서 필요한 빛의 양이 달라요. 그래서 시간이 흐르면 숲의 모습도 변하게 되지요. 처음에는 가장 많은 빛을 필요로 하는 소나무들이 자리를 잡고 어른으로 성장합니다. 그 아래에서 빛이 약간 부족해도 살아남을 수 있는 아기 참나무들이 자라나지요. 참나무들이 자리를 잡고 무성해지기 시작하면 아기 소나무들이 잘 자라지 못해요. 그렇게 소나무가 점점 사라지고 참나무들이 많아지면 숲은 봄부터 여름까지 빽빽하게 자라난 잎으로 울창해집니다. 활엽수가 가득한 숲의 바닥에는 빛이 들어올 여유가 없어져요. 그러면 적은 빛으로도 싹을 틔울 수 있는 서어나무나 너도밤나무 등이 자리를 잡게 되지요.
>
> 어린 숲에서는 소나무, 어느 정도 시간이 지난 숲에서는 참나무, 더 시간이 지난 숲에서는 서어나무와 너도밤나무를 많이 만날 수 있어요. 숲에 가면 어떤 나무가 많이 보이는지 살펴보세요. 살고 있는 나무 종류를 보면 그 숲의 나이를 짐작할 수 있습니다.

들을 묻어 놔. 다른 동물들의 눈에 띄지 않도록 나뭇잎이나 나뭇가지 등을 덮어 놓는 건 물론이지. 다람쥐는 집 안의 먹이 창고에 씨앗과 겨울눈, 도토리, 말린 버섯 등을 각각 2~6킬로그램씩 종류별로 나누어 저장해 둔단다.

다람쥐가 땅속에 숨겨 놨다가 미처 먹지 못한 열매나 씨앗이 다음 해에 싹을 틔우기도 해. 다람쥐가 솔방울을 들고 이곳저곳 돌아다니다가 씨앗들을 여기저기 뿌려 놓는 경우도 있지. 여우와 같은 천적 때문에 놀라서 솔방울을 놓쳐 버리는 순간, 솔씨들은 환호성을 지르며 땅 위로 떨어지는 거야.

해마다 수없이 많은 열매를 만들어 내는 나무는 넉넉한 마음으로 먹을 것을 나누어 주고, 그 대가로 씨앗을 퍼뜨리고 또 싹을 틔워.

소나무는 바람에 날아가야 하는 씨앗을 동물들이 먹어 버려도 절대로 화내지 않아. 소나무는 오히려 솔방울을 더 많이 만들어서 씨앗들 가운데 하나만이라도 살아남기를 바라지.

그 해에 뿌려진 씨앗들이 모두 싹을 틔우지 못한다고 해도 나무는 언젠가 찾아올 기회를 여유롭게 기다린단다.

우리에게도 이런 여유가 필요해. 적당한 때가 올 때까지 기다리지 못하고 순서를 거스르거나 뛰어넘으려고 하면 솔방울처럼 훌륭한 열매를 만들어 낼 수 없어. 아무 조건 없이 누군가를 도와줄 마음이 있다면 더 좋을 거야. 대가를 바라지 않고 하는 일들이 세상을 살 만한 곳으로 만들어 줄 테니까. 마음의 여유가 평화로운 세상을 만드는 거야.

솔방울 습도계

준비물 잘 마른 솔방울, 물 한 컵
활동 공간 소나무 숲
활동 방법

● **솔방울 소리 듣기**

해가 뜨고 바람이 부는 봄날에 소나무가 많은 숲으로 갑니다. 가만히 눈을 감고 주변에서 들려오는 소리를 들어 보세요. 운이 좋으면 솔방울이 문을 여는 소리를 들을 수 있습니다.

● **솔방울의 변화 관찰하기**

잘 말라 활짝 문을 연 솔방울을 찾습니다. 물이 담긴 투명한 물컵에 솔방울을 거꾸로 담아 보세요. 솔방울은 어떻게 변해 가나요?

● **솔방울 습도계 만들기**

솔방울로 집 안의 습도를 알아볼 수 있습니다. 방, 거실, 화장실에 솔방울을 하나씩 두고 하루 정도 기다립니다. 각 공간에 있던 솔방울을 관찰하고 비교해 보세요. 솔방울이 꽃처럼 활짝 펴 있다면 습도가 낮고, 솔방울이 문을 닫으려고 한다면 습도가 높다는 뜻입니다.

다람쥐와 참나무

···· 실수해도 괜찮아 ····

동물과 식물이 도움을 주고받는 친구라는 건 얘기했지? 동물 중에서도 네발동물은 식물에게 얻은 열매와 씨앗으로 새끼들을 먹이고 추위를 견딜 에너지를 얻어. 그 대신 네발동물들은 씨앗을 널리 퍼트리거나 겨우내 씨앗을 땅속에 보관하고 보살피는 역할도 해. 이 모든 일이 가능한 건 동물과 식물이 서로의 습관과 사는 모양을 잘 이해하기 때문이란다.

다람쥐는 주로 도토리를 먹고 사는데, 도토리는 바로 참나무의 씨앗이야. 다람쥐는 바깥세상보다 따뜻한 땅속에 도토리를

숨겨서 씨앗에게 싹을 틔울 기회를 줘. 숨겨 둔 열매를 다른 동물들이 훔쳐 가지 않도록 경계해서 씨앗을 지켜 주기도 하지.

땅속은 최고의 저장소야. 기온 차이가 적은데다 다른 동물들의 눈에 띄지 않거든. 그래서 오랜 시간 동안 저장해 두어도 변하지 않는 딱딱한 씨앗들을 보관하기에 좋아. 다람쥐는 땅에 구멍을 파고 도토리를 넣은 다음 흙을 덮어서 눌러 주는데, 그 모습이 마치 씨앗을 심는 것 같단다.

다람쥐는 도토리를 숨길 때 여러 가지를 생각해. 다른 동물들이 찾을 수 없는 깊은 곳이면서도, 스스로는 다시 찾아 낼 수 있는 곳이어야 하지. 그래서 다람쥐는 도토리의 껍질을 쪼개거나 까서 묻기도 해. 껍질을 쪼개면 씨앗 향이 강해지기 때문에 쉽게 찾을 수 있거든.

물론 도토리를 숨기는 동안 천적의 눈에 띄지 않는 것도 중요해. 그래서 다람쥐는 엄마 참나무 근처에 숨길 도토리와 멀리 떨어진 곳에 숨길 도토리를 구분해. 크고 좋은 도토리들은 주변에 나무가 없고 빛을 잘 받을 수 있는 곳에 숨기고, 작은 도토리들은 엄마 나무의 그늘이 지는 곳에 숨기는 거야. 이유가 뭐냐고?

엄마 나무와 가까운 곳은 천적들의 눈에 띄지 않고 재빨리 도토리를 숨길 수 있지만 다른 다람쥐나 청설모에게 도토리를 빼앗길 가능성도 높아. 반면, 주변에 나무가 없고 빛이 잘 드는 곳은 천적들의 눈에 띌 위험이 높은 대신, 다른 동물들에게 도토리를 빼앗길 위험이 적지. 그래서 다람쥐들은 위험을 감수하고서라도 튼튼하고 맛있는 열매들을 먼 곳에 숨겨 둔단다.

　이렇게 엄마 나무로부터 멀리 떨어진 곳에 저장된 건강한 도토리들은 햇빛을 받아 싹을 틔우고 잘 자라날 확률도 높아. 아무리 똑똑한 다람쥐라도 수천 개에 이르는 도토리를 모두 찾는 것은 불가능하거든.

　봄이 되면 다람쥐가 찾지 못한 도토리들이 딱딱한 껍질을 깨

> **한 뼘 더 알기**
>
> **엄마 나무와 아기 나무**
>
> 엄마 나무 근처에서 싹을 틔운 아기 나무는 엄마 나무 그늘에 가려 빛을 충분히 받지 못해요. 그래서 크게 자라나지 못하고 도태되는 경우가 많아요. 하지만 그중 일부는 엄마 나무의 도움을 받아 천천히 건강하게 자라난답니다. 엄마 나무의 뿌리를 덮은 버섯과 이끼류는 아기 나무의 뿌리까지 보호해 줘요. 엄마 나무가 곤충이 싫어하는 향기를 내뿜을 땐 아기 나무도 그 혜택을 받죠. 천천히 자란 아기 나무는 나이테가 촘촘하고 단단해서 바람에 쓰러지지 않고 미생물들의 공격에도 잘 견딜 수 있습니다. 이런 나무들은 엄마 나무가 사라지고 난 다음에도 수백 년 동안 아프지 않고 건강하게 살아남아요.

고 뿌리를 내리기 시작해. 뿌리가 자리를 잡고 땅속에서 물을 빨아들이기 시작하면 앞으로 수백 년 동안 이어질 참나무의 일생이 시작되는 거야.

다람쥐의 실수가 참나무를 탄생시켜 주듯, 때로는 이렇게 의도하지 않은 실수가 뜻밖의 결과를 가져와.

실수는 부끄러운 일이 아니란다. 누구나 실수를 하거든. 중요한 건 실수를 통해 자기 자신을 살펴보고 새로운 것을 배워야 한다는 거지. 실수는 나를 알아 가는 기회이기도 하단다. 물론 그 실수가 누군가에게 피해를 주었다면 인정하고 용서를 구해야 해.

참나무는 다람쥐 뿐만 아니라 많은 동물들과 관계를 맺고 살아가. 금풍뎅이과의 곤충들은 땅속 10센티미터까지 도토리를 끌고 들어가는데, 이곳은 도토리가 싹을 틔우기에 아주 좋은 깊이란다. 이곳에 있으면 다른 동물들의 눈에 띄지 않고 안전하게 싹을 틔울 수 있어. 곤충은 다람쥐나 어치처럼 도토리를 한 번에 많이 먹어 치우지 않아서, 참나무에게는 보험과도 같은 존재야. 도토리처럼 크기가 큰 열매는 곤충들에게 갉아먹히더라도 반 이상만 남아 있으면 싹을 틔울 수 있거든.

추운 겨울이 되면 참나무는 덩치 큰 동물들에게 멋진 레스토랑이 되어 줘. 고라니와 사슴같이 덩치가 큰 동물들은 참나무의 겨울눈으로 배를 채우지. 영양가 높은 도토리는 청설모, 다람쥐, 어치, 멧돼지의 중요한 먹이가 돼. 산토끼와 산비둘기는 빗물에 깨끗하게 씻긴 도토리를 특히 좋아해.

죽어서 쓰러진 참나무에는 흰개미, 지렁이, 달팽이, 이끼, 버

참나무와 함께 사는 생물들

참나무는 셀 수 없이 많은 생물들의 보금자리가 되어 줘요. 참나무 잎에서 즙을 빨아먹는 진드기, 이런 진드기를 잡아먹는 풀잠자리와 무당벌레, 어린 참나무 잎을 먹는 풍뎅이, 나무껍질 사이 상처 난 곳에 알을 낳는 하늘소, 도토리 속에 알을 낳는 도토리거위벌레도 있지요. 나무좀은 참나무의 껍질 속에 알을 낳은 다음 관을 하나 뚫어 놓는데, 알에서 태어난 새끼들은 어미가 뚫어 놓은 관으로부터 직각으로 된 길을 만들어 집을 짓는 것으로 유명하답니다. 자벌레도 참나무 잎을 먹고 살아요. 자벌레는 나뭇가지와 비슷한 색깔과 모양 덕분에 새들의 눈에 띄지 않죠.

이런 동물들은 참나무를 병들게 한다는 이유로 인간들의 미움을 받아요. 하지만 나무는 이런 과정들을 통해 세대를 거듭하며 더욱 강해진답니다.

섯과 곰팡이 등이 찾아와. 이 생물들은 참나무를 분해해서 먹고 산단다. 참나무는 뿌리부터 나뭇잎, 열매까지 셀 수 없이 많은 생물들이 살아가는 삶의 터전이 되어 주는 거야.

참나무와 함께 살아가는 생물 중에는 참나무가 없으면 아예 살아갈 수 없을 정도로 참나무에게 의지하는 종류도 있단다. 그렇다고 참나무가 베풀기만 하는 건 아니야. 참나무는 일정한 간격을 두고 도토리를 많이 만들거나 적게 만들어서 동물의 숫자

> **한 뼘 더 알기**
>
> ### 한 그루의 참나무
>
> 참나무는 숲에 사는 생물뿐 아니라, 지구 전체에도 도움을 줘요. 100년 된 참나무 한 그루는 12만~15만 장의 나뭇잎으로 해마다 5000킬로그램에 이르는 이산화탄소를 빨아들이고, 4500킬로그램의 산소를 공기 중으로 내보내요. 참나무 한 그루가 11명의 사람이 1년간 숨 쉴 산소를 만들어 내는 거예요.
>
> 또한 참나무는 가습기 역할을 해요. 한 그루의 참나무 뿌리는 한 해 동안 3만~5만 리터의 물을 빨아들여요. 이 물은 나뭇잎을 통해 공기 중으로 내보내죠. 날씨가 덥고 건조할수록 공기 중으로 내보내는 물의 양이 많아지기 때문에 나무가 많은 숲에서는 한여름에도 시원함을 느낄 수 있어요. 참나무 한 그루가 가진 나뭇잎의 면적을 모두 합하면 약 1300제곱미터나 된답니다. 참나무는 이 잎들로 해마다 1톤의 미세먼지와 오염된 공기를 깨끗하게 만들고 있어요.

를 조절하거든.

예를 들어 참나무는 7년 동안 비슷한 양의 도토리를 만들어. 그러면 도토리를 먹고 사는 동물들의 숫자가 비슷하게 유지되지. 어미 멧돼지가 해마다 먹는 도토리 양이 비슷하면 새끼 멧돼지가 태어나는 숫자도 일정해지거든. 그런데 8년째 되는 해에는 참나무가 멧돼지들이 먹고 남을 만큼 많은 양의 도토리를 만들어 내는 거야. 동물들이 먹지 못하고 남긴 도토리들이 싹을 틔울 기회를 얻도록 말이야.

참나무는 열매를 많이 맺고 난 다음 해에는 아주 적은 양의 도토리를 만들거나 아예 만들어 내지 않아. 풍족한 도토리 덕분에 그 수가 늘어났던 동물들은 굶어 죽기도 하고, 먹이가 부족해서 새끼를 많이 낳지 못하기도 해. 한번 줄어든 동물 숫자가 다시 늘어나기까지는 시간이 필요하단다. 참나무는 그동안 도토리를 널리 퍼트릴 여유를 얻는 거지.

이처럼 참나무는 많은 생물들을 먹여 살리면서 협력하기도 하고 자신을 지켜 내기도 해. 다른 생물들의 도움을 기다리기보다는 스스로 해결하려고 노력하는 거야.

나무와의 대화

활동 공간 대화하고 싶은 나무가 있는 곳
주의 사항 시간과 인내심이 필요함
활동 방법

하늘을 날고 땅을 기어 다니는 동물들과 비교하면 나무는 죽은 듯이 고요합니다. 아무런 움직임도, 소리도 느낄 수 없죠. 살아 있는 나무를 느끼고 싶다면 나무의 시간 단위를 이해하고 그에 따라 살아 봐야 합니다.

- 관찰할 나무 한 그루를 정합니다.
- 시간 간격을 정해 두고 나무를 찾아갑니다. 하루에 한 번, 일주일에 한 번, 또는 한 달에 한 번씩 나무를 찾아가 관찰합니다.

시간 간격을 두고 같은 나무를 꾸준히 관찰하면 달라지는 나무의 모습을 느낄 수 있습니다. 이렇게 수년, 혹은 수십 년간 살아 있는 나무를 느끼다 보면 어느 순간부터 나무가 하는 이야기를 들을 수 있습니다.

참나무와 버섯

····· 마음과 생각을 나눠 ·····

  나무에게 주변 환경은 피할 수 없는 운명이야. 씨앗이 자리를 잡은 땅에 물과 영양분은 충분한지, 빛의 양과 공기의 온도는 어떤지 등은 나무의 크기와 모양뿐만 아니라 삶과 죽음을 결정하지.

  씨앗은 먼저 자신이 가진 영양분으로 새싹을 만들어서 땅 위로 올려 보내. 처음 땅 위로 올라온 떡잎은 햇빛을 받아 스스로 영양분을 만들어 내. 광합성을 통해 새로운 잎을 만들 힘을 얻는 거야. 씨앗이 첫 번째 잎을 만들고 뿌리를 내리는 첫 번째 해는 앞으로 수백 년을 살아갈 나무에게 가장 중요한 시기란다.

하지만 나무는 결코 혼자가 아니야. 나의 오랜 친구인 나무는 여럿이 마음과 생각을 나눌 때 더 강해질 수 있음을 알고 있어. 나무들은 거센 바람에는 여럿이 맞서고, 극심한 가뭄은 물과 양분을 교환하면서 버텨 낸단다.

나무는 버섯과도 여러 가지 도움을 주고받아. 버섯이 일방적으로 도움을 받는 게 아니냐고? 아니, 나무와 버섯은 서로 돕는 공생관계란다. 버섯은 나무뿌리를 감싸고 그물망처럼 얽혀서 세포들 사이로 파고 들어가는데, 온 힘을 다해 뿌리를 껴안고 주변에서 물과 양분을 끌어와. 그 대가로 버섯은 나무에게 영양분을 받아먹어. 나무가 밥 먹는 것을 도와주고, 4분의 1만큼의 영양분을 대가로 받는 거야.

나무는 하늘 높이 가지를 뻗을수록 유리한데, 사실 나무의 키는 버섯이 결정한다고 할 수 있어. 나무가 수십 미터 높이까지 자랄 수 있는 건 그물망처럼 얽혀 있는 버섯 덕분이거든. 버섯은 땅속으로 연결된 망을 통해 아주 멀리 있는 영양분까지 끌어와. 이건 버섯이 나무뿌리가 닿지 않는 곳까지 뻗어 있기 때문에 가능한 일이지.

숲의 물 저장 능력

위에서 아래로 흐르는 물은 숲에서부터 흘러나와 강물이 되어 바다로 흘러가요. 비가 오면 숲은 물을 담아 두고 있다가 조금씩 아래쪽으로 흘려보내죠. 물의 흐름을 조절하는 이 녹색댐이 없다면 강물은 벌써 사라지고 말았을 거예요.

우리나라에 있는 숲을 모두 합하면 축구장 650만 개의 크기와 같답니다. 축구장 한 개 크기의 숲이 약 3000리터의 물을 저장할 수 있으니까 우리나라의 숲은 200억 톤에 달하는 물을 저장할 수 있는 거예요. 우리나라에서 가장 큰 소양강댐이 29억 톤의 물을 저장한다고 하니, 숲의 저장 능력은 우리가 짐작할 수 없을 정도로 어마어마한 거죠. 생명이 있는 모든 것은 물 없이 살 수 없어요. 그러니 끝없이 물을 공급해 주는 숲의 중요성은 아무리 강조해도 지나치지 않답니다.

뿐만 아니야. 버섯은 자신의 몸에 양분을 저장해 두었다가 나무가 필요할 때 내주는 저장고 역할도 하고 있어.

또한 버섯은 나무들이 대화할 수 있도록 도와. 사방으로 뻗은 버섯의 연결망은 인터넷과도 같거든. 내 안의 나무들은 모두 버섯을 통해 연결되어 있어서 서로의 정보를 나눌 수 있어. 뿐만

아니야. 큰 나무는 버섯을 통해 어린 나무에게 영양분을 전달해서 자라는 것을 도와주고, 병에 걸리면 그 신호를 다른 나무들에게 보내서 감염에 대비하도록 해.

나무는 향기를 이용해서 대화를 나누기도 한다고 얘기했지? 애벌레가 나뭇잎을 베어 먹으면 나무는 향기 신호를 만들어서 바람에 날려 보내고, 그러면 주변에 있는 나무들도 일제히 애벌레가 싫어하는 맛과 향기를 만들어 내. 애벌레들이 나뭇잎을 몽땅 먹어 치울 수 없도록 대비하는 거야. 문제는 향기를 실어 보내 줄 바람을 마음대로 조정할 수 없다는 거야. 그래서 나무에게는 믿음직한 버섯들이 꼭 필요하지.

　버섯은 또 나무가 병들지 않도록 도와.

　건강을 해치는 중금속을 걸러 내서 나무가 흡수하지 않도록 막고, 추위를 잘 견딜 수 있도록 돕지. 추위는 나무에게 가장 큰 스트레스거든.

　또한 버섯은 나무에게 충분한 양분을 가져다주어서 나무의 면역력을 높여 줘. 그래서 버섯이 제 역할을 못하거나 줄어들면 나무는 병에 걸리거나 성장하지 못하게 된단다.

　그렇다고 버섯이 아무 나무에서나 사는 건 아니야. 버섯마다 좋아하는 나무가 따로 있거든. 조금만 살펴보면 나무의 종류에 따라 나무 주변에 사는 버섯의 종류도 다른 걸 알 수 있어. 예를 들어 송이버섯은 소나무를 좋아해서 소나무 주변에는 송이버섯이 많단다. 좋아하는 나무가 같으면 여러 종류의 버섯이 한 나무에 살기도 해.

　참나무 외에도 자작나무, 소나무, 너도밤나무, 낙엽송 등 모든 나무는 뿌리에 버섯을 데리고 살아. 버섯은 잎이 넓은 나무보다 바늘잎나무들과 어울려 사는 경우가 많아. 척박한 땅에 뿌리를 내린 바늘잎나무들에게는 버섯이 꼭 필요하기 때문이지. 흙이 비옥해질 때까지 나무들을 돕는 버섯은 사춘기 시절 동안 나와 함께해 준 소중한 친구란다.

나무에서 뿌리는 제일 먼저 태어나고 가장 나중에 죽어. 그만큼 뿌리는 나무에게 가장 중요한 기관이지.

나무는 겨울이 지나고 기온이 높아지면 겨울눈에서 새싹을

한 뼘 더 알기

버섯이 사는 곳

버섯과 이끼는 적응 능력이 뛰어나요. 극지방, 사막, 높은 산, 바닷가 주변에서도 살 수 있을 정도죠. 하지만 도시에서는 좀처럼 이 친구들을 볼 수 없어요. 버섯과 이끼는 공해에 민감해서 환경이 오염되면 가장 먼저 사라지는 생물이기 때문이에요. 주변 환경이 얼마나 오염되었는지를 보여 주는 공해측정 도구라고 할 수 있죠. 버섯과 이끼는 환경오염이 극한의 추위나 더위보다 더 위험하다는 사실을 보여 주는 증거랍니다. 이 친구들을 만날 수 없는 곳은 인간을 포함한 다른 모든 생물들이 살아가기에도 적합하지 않다는 뜻이에요. 한번 사라진 이 친구들이 다시 나타나기까지는 오랜 시간과 노력이 필요하답니다.

숲의 몸무게

숲의 몸무게는 얼마나 될까요? 일정한 공간 안에 살아 있거나 죽은 생물들의 양을 합한 것을 '생체량'이라고 해요. 숲을 구성하는 생물들의 무게를 모두 합하면 숲의 생체량을 알 수 있어요. 자연 상태에서 숲의 생체량은 점점 늘어나요. 숲 무게의 99퍼센트 이상을 차지하는 식물들이 스스로 양분을 만들어 내며 꾸준히 성장하기 때문이에요. 식물을 먹고 사는 곤충을 비롯해서 초식동물과 육식동물은 숲 전체 무게의 0.1퍼센트를, 생태계의 순환 고리를 연결해서 생체량이 늘어나도록 돕는 버섯이나 박테리아와 같은 분해자들은 숲 전체 무게의 0.3퍼센트를 차지한답니다.

내보내고 여름이 지나고 기온이 낮아지면 잎에서 물기를 빼내어 뿌리로 내려보내. 그렇게 해마다 한 개씩 나이테를 만들어 가는 거야. 일단 뿌리를 내리기 시작하면 나무와 버섯은 떼려야 뗄 수 없는 관계가 된단다. 이 둘은 마음과 생각을 나눌 정도로 가까워서 둘 다 상대방이 없으면 살 수 없어.

나와 함께 사는 대부분의 식물은 버섯과 함께하고 있어. 버섯과 나무가 힘을 합친 덕분에 나는 더욱 건강하게 자랄 수 있지.

둘의 관계가 깨지면 아마 나도 사라지고 말 거야.

 차가운 바람이나 가뭄처럼 피할 수 없는 어려움은 늘 찾아오기 마련이야. 나무는 바람을 막아 공기의 흐름을 약하게 하고 폭우가 내려도 흙이 떠내려가지 않도록 붙잡고, 뿌리를 통해 영양분을 나누면서 강한 나무가 약한 나무를 돌봐 주는 공동체로 살아가고 있어. 나무는 그렇게 이 지구에서 가장 크고 오래 사는 생물이 되어 온 거야.

관다발의 발견

나무줄기에는 눈에 보이지 않을 정도로 가느다란 관들이 다발로 묶여 있어요. 이를 관다발이라고 하죠. 나무는 이 관을 통해 온몸에 물과 양분을 전달합니다. 관다발의 크기는 나무의 종류마다 다르지만, 마른 나뭇가지의 관다발은 속이 비어서 빨대와 같은 역할을 해요.

준비물 길이 5센티미터, 지름 2센티미터 이상의 잘 마른 나뭇가지, 비눗물, 돋보기

활동 공간 나무의 단면을 볼 수 있는 곳

주의 사항 비눗물이 입에 들어가지 않도록 조심합니다.

활동 방법
1. 나뭇가지의 잘린 부분을 돋보기로 들여다보며 작은 관들의 흔적을 찾아봅니다.
2. 마른 나뭇가지의 한쪽 면에 비눗물을 묻히고 반대쪽 면을 힘차게 불어 봅니다.
3. 비눗물을 묻힌 쪽에서 어떤 변화가 일어나는지 관찰합니다.
4. 종류별로 비슷한 크기의 나뭇가지를 모아 같은 실험을 해 보고 어떤 나무가 가장 많은 비눗방울을 만들어 내는지 확인합니다.
5. 나뭇가지가 비눗방울을 만들어 내는 양과 나뭇잎의 크기를 비교해 봅니다.

죽음도 삶의 일부야

　버섯은 그물망처럼 서로를 연결하며 내 몸의 대부분을 덮고 있어. 나에게 버섯은 피가 흐르는 핏줄과도 같단다. 대부분의 버섯은 땅속에 살다가 가끔씩 땅 위로 모습을 드러내. 땅 위로 보이는 건 버섯의 꽃과 같은 부분이란다.

　땅 위로 올라온 버섯은 크고 작은 동물들의 먹이가 되어 줘. 개미와 달팽이처럼 작은 동물부터 청설모나 멧돼지처럼 큰 동물까지, 버섯 냄새를 맡고 입맛을 다시는 많은 동물들이 있어. 독을 품은 버섯들은 눈에 띄는 화려한 색으로 동물들을 유혹하지만 동물들은 독이 있는 버섯에는 손을 대지 않아. 누가 가르쳐 준 것처럼 말이야.

땅에서 자라고 있지만 버섯은 식물이 아니야. 버섯은 엽록소가 없어서 광합성을 하지 못하거든. 스스로 영양분을 만들지 못하면 식물이라고 할 수 없어. 그럼 동물이냐고? 아니, 버섯은 한자리에 붙박인 채 스스로의 힘으로는 움직이지 못하는걸. 그럼 버섯은 뭐냐고? 버섯은 그냥 버섯이야. 소속을 따지자면 곰팡이와 같은 균류지.

버섯이 하는 일은 정말 많아. 버섯은 나무를 도울 뿐 아니라, 다른 미생물들과 함께 죽은 것들을 땅속 영양분으로 돌려보내는 역할도 해. 버섯은 내 안의 모든 것을 작게 분해해 주는 소화 기관이라고 할 수 있지.

버섯의 종류는 셀 수 없이 많아. 눈에 보이지 않을 정도로 작은 경우도 많고, 사는 모습도 매우 다양해. 어떤 버섯은 조류(藻類)라고 불리는 아주 작은 식물들과 함께 살아가. 광합성을 하는 조류에게 도움을 얻는 대신 강한 빛으로부터 조류를 보호하는 거야. 이 둘은 하나의 생물로 보일 만큼 환상적인 짝꿍이란다. 한쪽이 죽으면 다른 쪽이 함께 죽을 정도지.

버섯과 조류는 나무나 풀이 살지 못하는 땅 위의 많은 부분을 덮고 있어. 나무껍질이나 바위에 얼룩덜룩한 무늬가 있다면 자세히 들여다보렴. 환상의 짝꿍을 만날 수 있을 테니까. 버섯과 조류는 '땅을 덮고 있는 옷'이라는 뜻에서 '지의류(地衣類)'라고도 불러.

지의류는 인내심이 아주 강해. 물이 없는 곳에서 수백 년을 숨죽이고 있다가 물을 만나 되살아나기도 하지. 지의류는 아주 천천히 그리고 꾸준히 자라면서 암석을 조금씩 분해한단다. 그러면 식물들이 그 사이에 자리를 잡아. 지의류는 아주 조용히 보이지 않는 곳에서 식물을 돕는 후원자인 셈이야.

지의류에 속하는 또 다른 친구는 이끼야. 이끼는 마치 옷처럼 흙을 보호해 줘. 비가 오면 물을 빨아들여서 흙이 쓸려 내려가지 않게 하고 더운 여름에는 흙이 마르지 않게 해 주는 거야. 이끼는 내 피부를 보호해 주는 소중한 친구란다. 이끼는 버섯과 달리 스스로 광합성을 할 수 있어. 하지만 뿌리가 약해서 땅속 깊은 곳의 물을 빨아들이기는 어렵단다. 그래서 이끼에게는 비

가 매우 소중해.

　이끼와 버섯은 조금만 건조해도 살 수 없어. 그래서 이 친구들을 만나려면 계곡 주변의 바위나 나무 그루터기, 죽은 나무 같은 물이 많은 곳에 가야 해. 죽은 나무는 스펀지 같아서 바위나 공기보다 오랫동안 물을 머금고 있거든. 뿐만 아니야. 죽은 나무는 낮 동안 태양열을 흡수하고 미생물들이 나무를 분해하면서 생기는 열을 붙잡아 둬. 그래서 겨울에도 따뜻하지. 영양분도 풍부해서 이끼나 버섯 외에도 톡토기, 벼룩, 박테리아, 곰팡이 같은 균사체, 미생물들도 죽은 나무를 먹고 함께 살아간단다.

　죽은 나무에 뿌리를 내리고 사는 나무도 있어. 죽은 나무 한 그루 안에 작은 숲이 만들어지는 셈이지.

　버섯과 이끼와 같은 분해자들은 흙에서 양분을 얻은 식물이 다시 흙의 양분이 될 수 있도록 밤낮을 가리지 않고 열심히 일해. 죽음으로 인한 변화가 살아 있는 생물들에게 의미 있고 아름다운 결과를 가져올 수 있도록 최선을 다하는 거야.

　살아 있는 모든 것은 언젠가는 죽어. 죽음과 삶은 연결되어 있지. 그래서 어떠한 죽음도 탄생처럼 소중한 거야.

초록 카펫

이끼는 아주 깨끗한 곳에서만 자라는 식물입니다. 바닥에 카펫처럼 이끼가 깔린 곳을 발견했다면 아주 운이 좋은 거예요.

활동 공간 땅 위에 이끼가 덮인 곳

주의 사항
- 주변에 사람들이 버리고 간 유리 조각 등 쓰레기가 없는지 확인합니다.
- 반드시 신발을 벗습니다. 그래야 이끼에게 피해를 주지 않아요.

활동 방법

신발을 벗고 맨발로 이끼 위를 걸어 보세요. 이전까지 경험하지 못한 환상적인 기분을 느끼게 될 것입니다.

이끼와 지렁이

바라는 것 없이 도와야 해

흙은 내게 살아갈 힘을 줘. 건강한 흙이 만들어지기까지 나는 여러 생물과 무생물들의 도움을 받았어. 빗물이 수백, 수천 년에 걸쳐 바위에 작은 상처들을 내고, 그 사이에 식물들이 뿌리를 내리고, 작은 생물들이 그 틈을 비집고 들어가서 단단한 돌을 더 작게 만들어 줬지. 오랜 시간에 걸쳐 만들어진 흙 속에는 눈에 보이지 않을 정도로 작고 연약한 미생물들이 살고 있어. 이 친구들은 모든 죽은 것들을 흙으로 돌려보내지.

흙은 자연을 순환시키는 엄청난 힘을 가졌지만 매우 민감해서 망가지기도 쉬워. 한번 망가지면 회복하기까지 아주 오랜 시간이 필요하단다.

 이끼는 모든 생명이 시작되는 소중한 흙을 덮고 또 보호해 주는 존재야. 내 피부를 촉촉하게 유지해 주는 1등 공신이지. 이끼는 가느다란 잎과 줄기를 수없이 만들어 내서 자기 몸무게의 20배까지 물을 빨아들이고 저장한단다.

 어떤 이끼들은 물을 흡수하는 대신 잎이나 줄기 사이에 저장해 뒀다가, 물이 부족해지면 잎과 줄기를 말아서 물이 공기 중으로 날아가 버리지 않도록 막아. 햇빛이 강해지면 투명한 털들로 빛을 반사시키거나 돌기 모양을 만들어서 빛을 여러 방향으로 흩어지게 해.

 이끼가 하는 일은 또 있어. 이끼는 공기 중의 먼지를 빨아들인단다. 천연 공기정화기인 셈이지. 이끼 덕분에 나는 먼지 걱정을 하지 않아도 돼. 뿐만 아니야. 이끼는 나무와 바위를 타고 내려오면서 빗물에 섞인 영양분들을 빨아들여. 적극적으로 공기 중의 영양분을 활용하는 거야.

 이끼는 눈에 보이지 않을 정도로 작은 박테리아나 버섯, 그리고 진드기와 톡토기 같은 작은 동물들이 살아갈 곳을 만들어 주

기도 해. 그 보답으로 이 생물들은 이끼의 씨앗이라고 할 수 있는 포자를 터트려서 멀리 이동할 수 있도록 도와. 푹신한 카펫처럼 바닥에 깔려 있는 이끼는 다른 식물의 씨앗들이 땅에 안전하게 뿌리를 내리도록 돕는단다.

    이끼의 도움을 받는 대표적인 친구는 바로 지렁이야. 지렁이가 가장 무서워하는 건 건조한 땅과 추위거든. 이끼는 더운 여름에는 많은 양의 물을 저장해서 땅을 마르지 않게 하고 추운 겨울에는 두터운 담요 역할을 해 줘. 눈이 땅을 덮고 있으면 그 아래 땅이 얼지 않는 것처럼 이끼가 땅을 덮고 있으면 엄청난 보온 효과가 있거든.

    지렁이는 추운 겨울이 오면 땅속 40~80센티미터까지 들어가서 꼼짝 않고 봄이 오기를 기다려. 겨울이 너무 추운 나머지 땅속 물이 모두 얼어 버리면 땅속 습도가 낮아져서 죽는 지렁이도 있단다. 그러니까 온도와 습도를 유지해 주는 이끼는 지렁이에게 아주 고마운 존재지.

지렁이 역시 이끼에게 도움을 줘. 지렁이가 떨어진 낙엽이나 미생물을 잘게 부수어 땅속 영양분을 만들면, 이끼는 그 영양분을 얻을 수 있거든.

내 안에서는 이렇게 다양한 생물들이 서로를 배려하면서 자연스럽게 누군가에게 도움을 주고, 또 도움을 받으면서 함께 살아가고 있어. 중요한 건 누구도 대가를 바라지 않는다는 거야. 자신의 이익과 손실을 따지면서 누군가를 돕는 건 진정한 도움이 아니란다.

이제 알겠니? 한 알의 도토리 안에 수백 년을 사는 참나무가 들어 있고 거대하게 자란 나무는 작은 미생물들에 의해 자연으로 돌아간다는 걸, 작고 약해 보이는 것이 때로는 가장 큰 힘을 가지고 있다는 걸 말이야.

내 이야기를 듣고 세상의 모든 것들이 연결되어 있다는 사실, 그 가운데 한 친구만 사라져도 다른 친구들이 살 수 없게 된다는 사실을 알게 되었기를 바라. 그리고 지렁이나 도토리처럼 작은 생명들이 내 희망이듯, 너희들도 세상의 희망이 되기를 바라.

맺는말

숲 바닥에 등을 대고 누워서 들풀이 되는 상상을 해 보세요. 아직 나무의 겨울눈이 깨어나기 전, 찬바람이 뺨을 스치는 계절이에요. 이제 막 봄이 시작되려는 이때, 들풀은 꽃을 피워요. 조금만 기다리면 따뜻한 바람을 맞으며 편안히 꿀벌을 맞이할 수 있을 텐데 왜 이렇게 빨리 나와서 추위에 떠는 걸까요? 달력이 없어서 날짜를 셀 줄 모르는 걸까요?

들풀에게는 나름대로 이유가 있어요. 키가 작은 들풀은 나무가 겨울잠에서 깨어나기 전에 햇빛을 흠뻑 저장해 두어야 한답니다. 가지 끝에서 나뭇잎이 나오고 거대하고 단단한 뿌리가 토양의 물과 양분을 빨아들이기 시작하면 힘없고 작은 들풀에게는 기회가 오지 않거든요. 나무가 울창해지면 꽃잎이 그늘에 가려 곤충들 눈에 띄기도 어려워지죠. 그래서 들풀은 나무보다 조금 빨리 봄을 시작하는 거예요.

자연 안에서는 누구도 혼자 살아갈 수 없어요. 동물들은 나무 열매를 먹으며 씨앗을 이동시키고, 버섯은 나무에게서 탄수화물을 얻는 대신 물과 양분을 끌어다 주죠. 개미는 무당벌레로부터 진딧물을 보호하면서 진딧물의 단물을 받아먹고요. 이렇게 참나무와 어치가 함께 살아가고 버섯과 이끼가 서로 돕는답니다.

삼각관계를 이루며 도움을 주고받는 동식물들도 있어요. 여우는 들쥐나 두더지를 잡아먹어서 지렁이에게 숨 쉴 여유를 주고, 딱따구리가 애벌레를 잡아먹으려고 벚나무에 뚫은 구멍은 동고비의 집터가 되어 주지요. 자연의 순리에 따라 스스로를 위해 한 일들이 누군가에게는 도움이 되고 또 다른 누군가에게는 피해를 주는 거예요. 세상 모든 생물들은 이렇게 서로 영향을 주고받으며 살아간답니다.

살아 있는 모든 생물은 어려움을 헤쳐 나가는 자기만의 능력과 삶의 지혜를 가지고 있어요. 생물들은 저마다 다른 방식으로 세상을 경험하고 이해하지요. 그래서 다양한 생물을 만나고 그들에게 귀를 기울일수록 더 많은 것을 배울 수 있답니다.

사람들 사이의 관계를 소중히 여기듯 우리는 다른 종들과의 관계를 가꾸어 나가야 해요. 세상의 연결고리들이 더 많이 발견되고 그들의 관계성이 존중되기를 바라는 마음으로, 더 많은 사람들이 다른 생물의 행복과 나의 행복이 맺고 있는 깊은 연관성을 깨닫기를 바라는 마음으로 이 책을 세상에 내놓습니다.

생태고리 안에서 우리는 지금 어디에 있을까요? 다른 생명체들 덕분에 살아가는 내가 그들을 위해 할 수 있는 일은 무엇일까요? 지렁이는 왜 도토리의 행복을 빌어 줄까요? 이 책이 그 질문들에 답을 찾는 시작이 되기를 바랍니다.

2018년 서울 김신회

다투고 도와주고 더불어 살아가는 숲속 네트워크

글쓴이 | 김신회   그린이 | 강영지
펴낸이 | 곽미순   편집 | 윤소라   디자인 | 김민서

펴낸곳 | 한울림어린이   기획 | 이미혜   편집 | 윤도경 윤소라 이은파 박미화
디자인 | 김민서 이순영   마케팅 | 공태훈 옥정연   제작·관리 | 김영석
등록 | 2004년 4월 12일(제318-2004-000032호)
주소 | 서울시 영등포구 당산로54길 11 래미안당산1차 A 상가
대표전화 | 02-2635-1400   팩스 | 02-2635-1415   홈페이지 | www.inbumo.com
블로그 | blog.naver.com/hanulimkids   페이스북 책놀이터 www.facebook.com/hanulim

첫판 1쇄 펴낸날 | 2018년 10월 30일   2쇄 펴낸날 | 2019년 5월 9일
ISBN 979-11-87517-64-1 73470

이 도서의 국립중앙도서관 출판예정도서목록(CIP)은 서지정보유통지원시스템 홈페이지
(http://seoji.nl.go.kr)와 국가자료종합목록시스템(http://www.nl.go.kr/kolisnet)에서 이용하실 수 있습니다.
(CIP제어번호: CIP2018029079)

* 잘못된 책은 바꾸어 드립니다.

어린이제품안전특별법에 의한 제품 표시   제조국 대한민국   사용연령 8세 이상